# Anorexie mentale

Psycho - logiques
*Collection fondée par Philippe Brenot
et dirigée par Joël Bernat*

Sans exclusives ni frontières, les logiques président au fonctionnement psychique comme à la vie relationnelle. Toutes les pratiques, toutes les écoles ont leur place dans Psycho - logiques.

Déjà parus

Agnès VOLTA & Jean-Claude ROLLET, *Influence socio-culturelle sur la souffrance psychique, Une question de place,* 2017.
Jean-Claude GRULIER, *Eugène Minkowski, philosophe de la psychiatrie*, 2017.
Christian LEJOSNE, *Un fil rouge. Ce qui relie l'œuvre d'un auteur à son enfance, selon la théorie d'Alice Miller (Abécédaire)*, 2017.
Marie-Laure BALAS-AUBIGNAT, *Identification au traumatisme des petits-enfants de survivants*, 2017.
Cécile CHARRIER, *Tous des monstres. Voir sa violence en face*, 2017.
Myriam NOËL-WINDERLING, *Théorie de la solitude,* 2017.
Arlette VILLA-PORTENSEIGNE, *L'expertise sous le regard de la psychanalyse. « Faux-Pas » ou la question des mères*, 2017.
Sébastien PONNOU, *Le travail social à l'épreuve de la clinique psychanalytique*, 2016.
Souad BEN HAMED-VERNOTTE, *Approche clinique de quelques mécanismes pervers narcissiques, La face cachée de la relation*, 2016.
Mourad MERDACI, *Adolescence algérienne. Liens et cliniques*, 2016.
Paul MESSERSCHMITT et Mélanie DUPONT, *Voulez-vous marcher sur la tête ? Témoins, experts et citoyens*, 2016.
Nadine GOBIN, *La relation et le couple, vecteurs de changement. Changer pour aimer, aimer pour changer*, 2016.

Sophia DUCCESCHI JUDES

Anorexie mentale

Quand un père passe... et manque

© L'Harmattan, 2018
5-7, rue de l'Ecole-Polytechnique, 75005 Paris

http://www.editions-harmattan.fr

ISBN : 978-2-343-14209-8
EAN : 9782343142098

SOMMAIRE

INTRODUCTION 15

Première partie
Préhistoire et histoire de l'anorexie mentale

Présentation 23
Chapitre I – Les Saintes du Moyen-Âge 27
Chapitre II – Elisabeth d'Autriche 43
Chapitre III – De la psychanalyse à nos jours 59

Deuxième partie
Observations cliniques

Présentation 75
Chapitre I – Élise ou le père altéré 79
Chapitre II – Cécile ou le vide de père 101
Chapitre III – Solène ou le père diabolisé 121

Troisième partie
Questions contemporaines

Présentation 145
Chapitre I – De Dieu au père 149
Chapitre II – La place de l'inceste dans l'anorexie mentale 165
Chapitre III – À propos de structure 179

CONCLUSION 193

BIBLIOGRAPHIE 197

REMERCIEMENTS 203

PRÉFACE

Cet ouvrage a été rédigé en 2002. C'est un regard porté sur l'étiologie probable de l'anorexie mentale chez la jeune fille. Alors qu'à cette époque, de nombreux auteurs faisaient de la *relation à la mère* une des explications quasi-systématiques de ce grave trouble du comportement, j'ai décidé pour de nombreuses raisons, de regarder les choses sous un angle différent, et notamment par le filtre de la relation au père.
Il faut bien reconnaître que nombre de jeunes patientes m'ont alertée, sans le vouloir, au fil des séances de psychothérapie, sur une perte, une absence, voire une criante agonie de la figure du Roi... de leur Roi : leur père !
Je ne pouvais passer à côté de ces multiples appels à la symbolique paternelle... C'est ainsi, au fil du temps et des drames humains qui se disaient dans le plus intime de mon cabinet que naquit le besoin d'aller creuser au-delà de l'explication plaquée : celle de la *relation fusionnelle à la mère* !
En étudiant de bien plus près ce qui se jouait entre le père et sa fille, j'ai constaté, dans bien des cas, une carence importante de la représentation paternelle et de tout ce qu'elle véhiculait dans nos sociétés, il y a encore quelques décennies : force, autorité, rigueur, respect des limites, protection... Autant de notions que l'évolution de nos mentalités a désormais tendance à moquer, à dénier, à banaliser ou encore à considérer comme une fonction désuète, ringarde, parfois interchangeable, dont l'enfant pourrait se passer pour se construire en tant qu'adulte.

Mais, ne nous méprenons pas et, au passage, je souhaite déculpabiliser ces pauvres parents qui, dans la plupart des cas, ont seulement tenté de remplir au mieux la difficile tâche qu'est celle d'élever un enfant. Les relations mère/fille ou père/fille ne sont pas les seuls terreaux fertiles de l'éclosion d'un trouble du comportement alimentaire. Loin s'en faut. Nous pourrions imaginer bien d'autres facilitateurs dans l'origine de ce trouble. J'évoquerais ici par exemple :

- La précocité de plus en plus grande de la puberté, neuf ou dix ans parfois, perturbant celle qui n'est encore qu'une enfant immature et sans arme pour assumer les premiers signes d'une féminité.
- Les modèles féminins, prônés par les médias comme les nouveaux diktats de beauté, que nos plus jeunes filles prennent comme une exigence, au risque, si elles ne s'y soumettent pas, d'être écartées de leur groupe social.
- Les demandes sociétales qui vont dans le sens de l'extrême maîtrise du corps, de soi, de sa volonté et de ses performances, en tout domaine.
- Les événements tragiques sur le parcours de vie de la jeune fille qui n'auraient pas été conscientisés et traités (deuils non faits, perte d'un parent, abandon précoce, secrets de famille touchant à l'identité de l'enfant, abus sexuels ou autres…). L'anorexie surgirait à l'adolescence comme la manifestation par le corps de ce qui n'a pu être dit avec les mots.

Admettons donc que les origines d'un trouble du comportement alimentaire puissent être variées et souvent multifocales ; il n'y a pratiquement jamais qu'une seule et unique explication dans la survenue de ces pathologies.

L'hypothèse que nous allons retenir dans cet essai est celle de la dégringolade symbolique de la représentation masculine et de tout ce qu'elle véhiculait dans l'imaginaire de la petite fille.

Plus précisément encore, ce petit ouvrage a pour ambition de dire en quoi, des images de pères manquants, abîmés, ou trop présents dans le réel peuvent influencer le développement psychologique de l'enfant. En termes analytiques, je dirais que les tableaux qui y sont décrits relatent des *accidents œdipiens* laissant la fillette dans un univers sans cadre ou tout devient possible, même le plus improbable des interdits. La toute jeune fille n'aurait plus alors qu'un retour au gynécée pour se protéger de l'univers masculin menaçant, défaillant ou sans limites.

Grâce à trois vignettes cliniques présentées plus loin, nous allons découvrir combien la chute de la figure paternelle a pu jouer un rôle dans le développement de ce trouble, à mi-chemin entre le comportemental et le somatique, qu'est l'anorexie mentale.

Pour mieux appréhender le concept d'anomie, fil rouge de cet essai, il nous faut constater que dans nos sociétés occidentales, le Père s'est défait de sa superbe et échange son rôle, parfois même son ADN, au profit d'une mère super puissante, omnipotente… au bénéfice d'une carrière… Et depuis peu à l'aune de l'*égalité des sexes*.

Cet ouvrage est le premier d'une série qui aura pour but de mettre en lien une pathologie actuelle, un problème sociétal avec cette anomie ambiante qui se confirme depuis quelques décennies : perte généralisée des valeurs, des repères, des images fortes, et des représentations ancestrales, mais protectrices et rassurantes. Tout cela, on s'en doute, ne sera pas sans conséquences sur nos générations futures !

Il s'agit, dans ce premier volet, de porter un regard sur l'anorexie mentale, trouble grave du comportement en constante évolution depuis les vingt dernières années.

Nous pourrions encore relier d'autres conséquences à cette disparition de *la figure du Roi*… C'est pourquoi je proposerai dans les temps à venir une suite à notre tour d'horizon des dommages collatéraux engendrés par notre société moderne, en perte de repères !

Sophia Ducceschi Judes
Octobre 2017

Je tiens à préciser au lecteur que les recettes obtenues par les ventes de ce livre seront intégralement reversées à une association loi 1901, qui accompagne depuis dix ans, des personnes aux prises avec les troubles du comportement alimentaire.
En conséquence, je remercie chacun(e) d'avoir acquis ce petit ouvrage. Qu'il sache que, ce faisant, il participe à la lutte contre les troubles du comportement alimentaire !

Chez la fille, il n'est pas de désir plus grand que celui de protection par le père.

Sigmund Freud

INTRODUCTION

À l'heure où beaucoup débattent sur les relations de la mère et de son jeune enfant et postulent souvent celles-ci comme origine incontestable de l'anorexie mentale, il pourrait sembler hasardeux d'asseoir une recherche sur la symbolique du père dans la genèse du trouble. Le désir de contredire ce qui apparaît souvent comme une évidence n'a motivé en rien le choix de notre sujet. Seules les observations cliniques nous ont donné l'occasion et l'envie d'entreprendre la rédaction des chapitres suivants.
Nous ne sommes pas partis d'une idée qu'il fallait justifier par une expérience clinique, nous avons, au contraire, rencontré une expérience clinique qui nous a convaincu qu'un petit quelque chose, revenant comme un leitmotiv, dans les propos qui nous furent livrés, devait être entendu et relevé ; quelque chose de l'ordre de L'Homme manquant, d'une masculinité abîmée, d'une paternité perdue ou encore d'un rendez-vous manqué.
C'est donc à l'écoute de ces personnes atteintes d'anorexie mentale que nous avons vu, au-delà d'une immense dépendance à la mère, d'un fonctionnement anaclitique incontestable et d'une fragilité narcissique à l'orée de l'imaginable, se dessiner en arrière-plan, une recherche avide, une quête insatiable d'une force, d'une puissance, d'un maître non soumis à la loi maternelle, peut-être plus simplement, l'appel au *Père*.
Au fil des mois, l'idée germa, les questions se dessinèrent de plus en plus nettement et notre projet de recherche sur le thème de la symbolique du père prit forme, façonné au fil du

temps par les apports de ces jeunes filles qui acceptèrent de livrer ce qu'elles avaient de plus intime.

Loin de nous l'idée de remettre en question ce qui a pu être élaboré sur les premières relations de l'enfant à sa mère dans la problématique de l'anorexie. Nous ne souhaitons en rien nous mettre en opposition avec un aspect qui ressort, par ailleurs, fortement des témoignages que nous avons pu obtenir. Le but de notre recherche est plutôt basé sur un souhait de compléter ces constatations et, au mieux de nous interroger sur la place réelle et légitime qu'ont pu tenir les différents protagonistes, présents ou absents, dans la prime enfance de ces jeunes anorexiques.

Il y a de multiples façons d'aborder la question des origines probables de l'anorexie mentale. Nous choisissons de le faire sous l'angle des interrelations familiales et du développement psychique de l'individu au sein du groupe familial. Ce point de vue n'exclut en rien les différentes approches qui ont pu être élaborées par ailleurs.
Nous souhaitons qu'aucune généralisation, aucune simplification et encore moins aucune accusation ne ressortent à la lecture de cet exposé. Au mieux, nous tenterons de soulever quelques questions qui nous sont apparues comme fondamentales et parmi elles, celle de la fonction symbolique du père dans la genèse du trouble.

Nous souhaitions remonter le temps et espérions y trouver des traces très anciennes de la maladie. Mais c'est seulement à partir du XIIe siècle que nous rencontrerons les saintes qui, à travers leur pratique du jeûne draconien, nous indiquerons qu'il y avait peut-être là, une analogie à faire avec la maladie que nous connaissons aujourd'hui. C'est en effet à cette époque que l'on peut supposer un lien entre ces pratiques souvent exercées sous le masque de la religiosité et la recherche d'une pureté, excluant l'absorption de nourriture, la sexualité, parfois même toute pulsion vitale, tel que nous pouvons encore l'observer de nos jours. Concernant les époques antérieures, il fut impossible de rassembler suffisamment d'indices qui laisseraient supposer l'existence d'un trouble similaire, sorte d'ancêtre de l'anorexie mentale. À l'époque reculée d'Hippocrate, la médecine préconisait le jeûne temporaire à certains malades, mais uniquement dans un but thérapeutique. Plus tard, l'élan ascétique d'Occident se retrouve en Grèce ancienne et en Orient, plus encore que dans les croyances judéo-chrétiennes, mais c'est alors au nom d'un dualisme très marqué que cet ascétisme se développe : il est impératif de libérer l'esprit du corps. Plus proche de nous, *le Nouveau Testament* selon Rudolph Bell, *ne permet pas vraiment de justifier l'anorexie sainte ni d'y trouver des précédents[1]*. Les jeûnes existaient dans diverses religions, mais ils concernaient alors aussi bien les hommes que les femmes. De plus, ces restrictions ne furent jamais encouragées par l'Église. Dans les évangiles, le jeûne ne semble pas correspondre à une façon d'atteindre la sainteté. Les pères de l'Église se montrèrent toujours très méfiants envers les ascètes extrémistes. Il est vrai que dans tout système religieux existent des prescriptions de jeûnes alimentaires (Kippour, Ramadan, Carême), mais elles font souvent office de rituel marquant la reconnaissance d'un membre, son appartenance au clan.

Alors, si les femmes du Moyen-Âge ont instauré le jeûne extrême, ne fut-ce pas une façon de se rapprocher, de se lier intimement et sans danger à un Dieu dont l'image, déjà, commençait à pâlir, dans un système où la hiérarchie cléricale prenait le pas sur la puissance de Dieu ?

---

[1] BELL, Rudolph, L'anorexie sainte, jeûne et mysticisme du Moyen-Âge à nos jours, Paris, PUF, Le fil rouge, p.168.

Notre recherche se divisera en trois parties. Chacune de ces parties sera elle-même découpée en trois chapitres.

La première partie sera consacrée à l'historique de la maladie ou plus exactement à l'histoire de sa découverte.
Dans le premier chapitre, consacré aux saintes du Moyen-Âge, nous tenterons de mettre en évidence une certaine analogie entre Dieu et le père réel, représentant d'une fonction dont il ne s'avérera pas toujours le dépositaire idéal.
Le deuxième chapitre se tournera vers une figure bien connue de l'anorexie mentale puisqu'il s'agira d'Elisabeth d'Autriche. Le cas de Sissi est remarquable dans le sens où elle se situe à la frontière de deux époques dans l'histoire de la maladie. L'ironie de l'histoire fait de ce personnage, certes avant-gardiste, une anorexique moderne, telle que l'on peut en rencontrer chaque jour, sans qu'une seule fois, elle n'ait su, sans que jamais personne ne lui ait dit le nom du mal dont elle souffrira pourtant toute sa vie. Peut-être eut-elle la malchance d'être malade quand Freud n'était qu'enfant.
Enfin, le troisième chapitre nous mènera de la naissance de l'anorexie mentale en tant qu'entité nosologique à nos jours, en passant par les deux voies qu'empruntèrent les recherches sur la maladie : la psychanalyse et la psychiatrie.

La deuxième partie de l'exposé sera réservée aux observations cliniques. Nous apporterons ainsi trois extraits de cas. Les personnes auxquelles appartiennent ces histoires ont été rencontrées, soit dans un contexte associatif, soit par le biais d'un travail que nous accomplissons ensemble, en dehors de ce contexte.
Ainsi, le premier chapitre sera réservé à l'histoire d'Élise, le deuxième chapitre, à celle de Cécile et enfin le troisième sera illustré par Solène.

La troisième partie aura pour but de nous interroger sur quelques aspects de la pathologie, aspects qui nous semblent être restés aussi énigmatiques que primordiaux.

Dans le premier chapitre, nous tenterons de voir par quel processus, l'hypothétique mort de Dieu ou de son image dont le Moyen-Âge marquera d'ailleurs un tournant, aurait pu aboutir, d'une part, à cette errance de la foi dans le Père, d'autre part, à une recherche de cette Loi perdue.

Dans le deuxième chapitre, nous traiterons de la question de l'inceste ou plus généralement de l'abus sexuel pouvant prendre le masque de l'inceste, dans l'enfance de la petite fille devenue anorexique. Nous justifierons notre point de vue selon lequel, l'inceste en question ne serait pas toujours, loin s'en faut, un inceste mis en acte, mais plus probablement un inceste psychique, ne faisant non moins intrusion dans l'univers de l'enfant, d'ailleurs particulièrement peu préparé à ce bouleversement.

Le troisième chapitre nous amènera à considérer la notion de structure dans l'anorexie mentale et nous incitera donc à exposer en détail ce qu'il put être, selon nous, du développement libidinal de la petite fille, en l'absence physique ou symbolique de son père. Nous nous poserons la question de l'entité pathologique autonome de l'anorexie ou de l'emprunt symptomatique à d'autres troubles. Après avoir mis en lien l'anorexie et chacune des différentes structures reconnues, nous y aborderons brièvement le concept d'état-limite selon Jean Bergeret.

Pour réaliser ce travail, nous avons consulté de nombreux ouvrages. Nous avons participé à plusieurs séminaires sur le thème de l'anorexie mentale et suivi un enseignement dispensé dans le cadre d'un D.U. intitulé *psychopathologie des troubles des conduites alimentaires* ; nous avons complété nos recherches par des rencontres avec d'anciennes malades anorexiques et parfois même avec leur famille. Enfin, nous avons pu intégrer une structure associative dont le but est d'assister les personnes souffrant de troubles alimentaires et plus particulièrement d'anorexie mentale. Cette structure, en nous donnant la possibilité de créer et d'animer un groupe de parole, nous a fourni l'embryon de ce travail.

Précisons que notre développement ne peut être compris qu'en postulant l'idée d'une conception acquise de l'image du Père, conséquence d'un héritage archaïque commun venu du plus loin de l'histoire de l'humanité. Ainsi, cette attente ne serait pas d'emblée projetée sur le père réel, mais pourrait l'être, si tout se déroule pour le mieux. Dans ce cas, ce n'est cependant pas le père qui investit la fonction symbolique, mais la fonction symbolique, qui investirait le père réel, telle qu'elle existe dans les legs ancestraux qu'a reçus l'enfant ; et pour cela, bien sûr, la parole de la mère est capitale.

Nous espérons que le développement qui suit puisse fournir quelques éléments de réponses à la principale question que nous nous posons ici, à savoir : l'anorexique n'aurait-elle pas tragiquement manqué de Père ou tout au moins, de sa fonction symbolique structurante ?

PREMIÈRE PARTIE

PRÉHISTOIRE ET HISTOIRE DE L'ANOREXIE MENTALE

PRÉSENTATION

La première partie de notre exposé nous aidera à mieux appréhender les différentes étapes des manifestations de ce que nous appelons aujourd'hui *anorexie mentale*, et d'en dégager ce qui peut apparaître comme une constante au service de notre sujet, à savoir la quête d'une représentation symbolique d'un père - ou de son substitut - et de sa fonction.

Il nous fut impossible, en raison de la rareté des écrits médicaux et de leur ancienneté, de multiplier les traces de la maladie à une époque aussi reculée que l'Antiquité.
Ce que nous aurions pu supposer en lien avec l'anorexie mentale, notamment à travers la pratique du jeûne, a été exposé dans notre introduction.

Rappelons toutefois que nous nous sommes inspirés, pour la réalisation de ce travail, du modèle freudien relatif à l'héritage archaïque d'une image paternelle forte et protectrice pouvant être mise en relation avec l'attrait pour la religion. Freud nous confirme sa conviction par ces mots : *la désirance pour le père est la racine du besoin religieux*[2].

La présente partie s'articule en trois chapitres. Le premier chapitre traitera des saintes du Moyen Âge, des jeûnes draconiens qu'elles s'imposaient dans leurs mortifications.

---

[2] FREUD, S., L'avenir d'une illusion, Œuvres complètes, Psychanalyse, Tome XVIII, Paris, PUF, 1994, P. 163.

Pour cela, nous nous sommes principalement inspirés des biographies de Sainte Thérèse d'Avila, de Véronique Guiliani et de Catherine de Sienne.
Ce choix fut motivé par la quantité d'informations disponibles quant à l'anamnèse, quant aux descriptions des contextes familiaux et des relations que la future sainte entretenait, très jeune avec les principaux membres de sa famille, plus particulièrement avec son père.

Nous devons aussi considérer les informations recueillies avec prudence, car les récits de ces destinées n'ont que très rarement été rédigés par les intéressées, mais plus souvent par leur conseiller spirituel, leur référent, devenu leur hagiographe après leur mort, comme Raymond de Capoue pour Sainte-Catherine de Sienne ou Jacques de Vitry pour Marie d'Oignies (morte en 1213). Nous devons tenir compte du fait qu'il s'agissait toujours d'hommes dont la notoriété tenait parfois au résultat de leur combat pour la canonisation éventuelle de la sainte défunte, dont ils avaient été témoins.

Dans le deuxième chapitre, nous dresserons un portrait d'Élisabeth d'Autriche (Sissi) et nous tenterons de voir en quoi elle nous est apparue comme l'une des premières figures de l'anorexie moderne, en quoi elle marqua, à son insu, un tournant dans l'expression de l'anorexie mentale. Tournant d'ailleurs souligné par J.J. Brumberg qui établit une dichotomie entre jeûne religieux et jeûne séculier et une transition de l'une à l'autre dans le courant du XIXe siècle[3].
Nous aurions pu choisir des personnages contemporains de Sissi tels que
Thérèse de Lisieux (1873 – 1897) ou un peu plus tard, Simone Weil (1909 – 1943), mais il nous semblait important de disposer de sources d'informations riches et nombreuses.

---

[3] BANGE, F., Aux frontières des troubles du comportement, Du jeûne à l'anorexie mentale, Évolution psychiatrique, Vol. 60, n° 4, 1995, p.798.

Par ailleurs, nous avons choisi Sissi pour son éducation atypique par rapport à son époque et à sa condition sociale, pour son statut de femme mariée, pour sa relation au pouvoir.

Sissi se situe, de ce fait, dans une position charnière entre le mysticisme, la sainteté d'une part, et l'identification du trouble par la médecine, l'étude de l'hystérie, d'autre part. Elle vécut à l'orée de la psychanalyse puisque lorsque, jeune femme, elle est touchée par la maladie, S. Freud est un petit garçon de quatre ans.

Le symptôme de Sissi restera malgré tout dépourvu d'interprétation moderne.

Le troisième chapitre retracera le parcours du trouble, de la naissance de la psychologie des profondeurs à nos jours.

Nous mettrons en évidence l'approche psychanalytique inaugurée par Freud et Breuer notamment à travers leurs travaux sur l'hystérie, puis l'apport indirect fourni par Freud par le biais de découvertes fondamentales telles que le complexe d'Œdipe, et bien d'autres tout au long de son œuvre.

Nous considérerons également un certain nombre de points de vue de ses successeurs et les contributions qu'ils fournirent à la compréhension de la maladie.

Nous mettrons en parallèle, le trajet de la psychiatrie et celui de la psychanalyse, pour finalement aboutir à leur rencontre dans la lutte contre la pathologie anorexique.

Bien évidemment, nous nous interrogerons sur ce qu'il en est de la symbolique du père au travers des diverses étapes de ce voyage dans l'histoire de la maladie.

CHAPITRE I

LES SAINTES DU MOYEN-ÂGE

Aux IVe et Ve siècles, déjà, des ermites se retirent dans le désert afin d'expérimenter l'ascèse et la privation. Leur jeûne était cependant de courte durée et essentiellement à visée purificatoire. En cela, ces pratiques diffèrent des saintes femmes du haut Moyen-Âge qui intègrent, à leur privation, un caractère de pénitence. Les pères du désert, principalement en Orient, étaient mués par la crainte de la fin des temps, conséquence probable du déclin de l'Empire romain ; il importait donc aux chrétiens de se retirer du monde par des conduites appropriées.
Il est une idée qui semble avoir perduré depuis l'aube du christianisme : celle qui fut émise par les pères de l'Église associant nourriture et concupiscence. Ainsi, nombreux furent-ils à penser que l'abstention de nourriture allait de pair avec la maîtrise du désir sexuel. Il semblerait qu'aujourd'hui encore subsiste cette double abstinence dans la vie des anorexiques.

Ce n'est que vers le IIIe siècle que l'Église avait commencé à définir certaines règles à propos du jeûne, mais celles-ci portaient principalement sur le type d'aliments autorisés.
Plus tard, pendant le haut Moyen-Âge, même si les autorités religieuses encouragent certaines formes d'ascétisme, les mortifications extrêmes étaient vues avec beaucoup de

méfiance. Le combat contre l'hérésie faisait rage, il fallait impérativement déceler si ces jeûnes particuliers étaient l'œuvre de Dieu ou celle du diable. La conviction qu'il puisse exister un rapport entre le jeûne et la possession démoniaque apparaît à Babylone au Ve siècle.

C'est à partir de la fin du XIIe siècle que la pratique du jeûne se donne à voir sous un jour nouveau : de nombreuses femmes font de la privation quasi-totale de nourriture, l'élément principal de leur expérience spirituelle. Auparavant, ces femmes ne faisaient qu'observer les périodes d'abstinence préconisées par l'Église, puis les ont prolongées, malgré les pressions de leurs proches qui les incitaient à s'alimenter. Cette attitude n'est pas sans nous rappeler les adolescentes d'aujourd'hui prétendant avoir commencé leur restriction par un régime anodin.

Malgré ces observations, il est encore difficile de supposer l'existence de l'anorexie mentale avant le XIIIe siècle. La documentation est mince et ne permet pas de tirer une conclusion probante.

C'est donc au XIIIe siècle que le nombre de femmes en ascèse croît de façon sensible. Les femmes concernées ne doivent pas être réduites aux saintes. Il serait juste de considérer que, même si nous n'en parlerons pas dans ce chapitre, certaines jeunes femmes laïques, parfois mariées et mères de famille s'imposaient des restrictions identiques à celles des saintes.

Selon nos recherches, il semble que ce phénomène ne puisse avoir été la conséquence d'une exigence de l'Église. Rappelons que le pouvoir clérical n'hésitait pas à accuser ces femmes d'être les outils de Satan voire même des sorcières cachées derrière la sainteté. Nous nous sommes donc interrogés sur les motivations des femmes à faire le choix de l'abnégation d'elles-mêmes plutôt que celui d'une vie où leur désir aurait pris sa place. Nous avons supposé que, c'est peut-être, justement, dans cette notion de désir que pouvait se situer l'une des raisons de ce choix. L'anorexique d'hier comme celle d'aujourd'hui fuit son désir et se punit sévèrement lorsqu'elle croit le ressentir.

Jacques de Vitry relate que dans le diocèse de Liège, on pouvait, à l'époque, voire de nombreuses femmes *languissant de désir*[4]... pour Dieu. Seul, Dieu peut donc être objet de désir. Nous pourrions voir là, une tentative de se rapprocher du père, débarrassé de tout danger - que pourrait entraîner une relation intime entre un père et sa fille - puisque dépourvue de corps.

Rudolph Bell est l'un des auteurs à avoir travaillé sur l'analogie entre le jeûne religieux du Moyen-Âge et l'anorexie mentale. Dans l'ouvrage qu'il consacre à ses recherches[5], il déclare que toutes les saintes anorexiques qu'il a étudiées rechercheront activement l'union physique et mystique avec Dieu et que leur décision de vouer leur virginité à Dieu marquait souvent l'entrée en conflit avec la famille et plus particulièrement avec leur père. À propos de Colomba de Rieti (1467-1501), Bell suppose que le conflit intérieur qu'elle se livre se traduit en ces termes : appartenir à son père ou à Dieu. Il ajoute, par ailleurs, que les privations extrêmes répétées semblaient réussir à vaincre les tentations, mais que la pulsion sexuelle trouvait sa voie d'expression dans l'union mystique avec Dieu.

En illustration de ce propos, nous avons choisi de considérer l'histoire de Sainte Thérèse d'Avila (1515-1582).
Teresa de Ahumada Y Cepeda est issue d'une famille austère de nobles Castillans. Elle perd sa mère à l'âge de 14 ans. Les textes que nous avons étudiés font peu mention de cette mère et des relations que Teresa entretenait avec elle. Il

---

[4] LAUWERS, M., Saintes et anorexiques : le mysticisme en question, *L'histoire* n° 164, mars 1993, p. 74.

[5] *In* L'anorexie sainte, jeûne et mysticisme du Moyen-Âge à nos jours, p.307.

en ressort, par ailleurs, une grande proximité avec son père. Celui-ci est souvent décrit comme quelqu'un d'une grande charité envers autrui, d'une ouverture d'esprit et d'une compréhension remarquable. Teresa, proche de son père, depuis son plus jeune âge aurait été la préférée de celui-ci. Dès son enfance, elle est décrite comme une personne soucieuse de son apparence, elle aime plaire et manifestement, elle séduit beaucoup.

Vers l'âge de quatorze ans, elle se lie d'amitié avec une cousine ayant la réputation d'être particulièrement frivole, son père ne cessera de lui faire de sévères reproches sur cette relation. Peu après, elle s'éprend d'un garçon et pense même au mariage. Malgré la discrétion des amoureux, son père apprend les faits et envoie Teresa dans un monastère d'Avila afin qu'elle y poursuive son éducation. À cette époque, le placement en institutions religieuses ne présageait pas obligatoirement d'un avenir sacerdotal, mais était couramment utilisé à des fins éducatives. Teresa vécut un an et demi dans ce monastère. Elle y fut tiraillée entre ce qu'elle appellera *le bon plaisir de la sensualité et ce qui eût convenu à son âme*[6]. Incapable de prendre une décision quant à son avenir, elle tombe malade et retourne chez son père. Notons que même si Teresa ne désirait pas encore devenir religieuse, elle avait désormais une grande aversion pour le mariage. Après quelque temps passé chez son père, contre sa propre volonté, elle se contraint à adopter l'état *religieux qui lui semble alors le meilleur et le plus sûr pour le destin de son âme*. Teresa dira, de nombreuses fois dans sa vie, que la peur avait guidé son choix.

Son père ne tarda pas à s'opposer à l'entrée dans les ordres de Teresa prétextant qu'il voulait la garder auprès de lui. Devant l'annonce de cette nouvelle par sa fille, il déclara : *fais ce que tu veux, mais quand je serai mort*. Teresa restera

---

[6] DE SAINT-CHERON, F., Sainte Thérèse d'Avila, Paris, Pygmalion, Chemins d'éternité, 1999, p.220.

donc auprès de son père jusqu'à l'âge de vingt ans. C'est alors que malgré l'amour qu'elle lui voue, elle tient maintenant plus que tout à entrer au carmel. Le combat qu'elle livre contre elle-même est violent : lorsqu'elle sort de la maison paternelle, sa souffrance lui semble pire que celle du trépas : *on eut dit que chacun de mes os se séparait des autres*. Elle entre finalement au carmel en 1536, à l'âge de vingt et un ans. Un an plus tard, elle fait profession. Son père assiste à la cérémonie. Dans les semaines qui suivent, la santé de Teresa se détériore, certainement en proie à son dilemme intérieur, elle s'évanouit souvent, souffre du cœur, tombe en syncope. Elle est de nouveau renvoyée chez son père dans l'attente de son rétablissement. Elle fut alors considérée comme phtisique et perdue. Elle se remettra très lentement de cette nouvelle épreuve. Toute sa vie, Teresa souffrira de vomissements matinaux et restera de santé fragile.

Teresa sera, durant de nombreuses années, persuadée que la tentation est partout, mais surtout en elle-même. Elle projettera à l'extérieur son ambivalence intérieure. Elle aimerait jouir des plaisirs de la vie, mais s'y refuse, sûre que tout plaisir ressenti ici-bas est l'œuvre d'une tentation démoniaque. De retour au carmel, elle se met sous la protection de Saint-Joseph, le chaste époux de Marie et le père nourricier de Jésus. Pendant plus de vingt ans, à partir de ce moment, elle sera en quête d'un maître, d'un confesseur qui saurait *lui indiquer le bon chemin*.

Au carmel de l'incarnation, Teresa recevait de nombreuses visites. Un jour qu'elle échangeait avec un homme, elle dit que le Christ se montra à elle et lui indiqua sévèrement, à quel point il était contre cette situation.

Teresa a vingt-huit ans, lorsque son père agonisant lui demande de le recommander à Dieu et de le servir toujours. Cette mort éprouva durement Teresa, elle en dira : *il me semblait, en le voyant s'éteindre, qu'on m'arrachait l'âme, tant je l'aimais.*

Dix ans après la mort de son père, Teresa souffre encore de la captivité de son âme. Elle rencontre enfin un confesseur, Don Francisco de Salcedo, qui lui indiquerait la façon de vaincre ses démons. Elle se prit d'une forte amitié pour cet homme.

Teresa connaît l'extase mystique, mais reste tourmentée par de nombreuses visions à connotation souvent menaçante. Lors d'une extase, elle entendit ces mots : *je ne veux plus que tu converses avec des hommes, mais avec des anges* ; à partir de ce jour, Teresa ne construira plus de liens d'amitié autres que ceux entretenus avec les serviteurs de Dieu.

Peu à peu, Teresa sillonnera l'Espagne afin de créer des monastères. Trente-deux verront le jour. C'est avec l'appui de Jean de la Croix qu'elle en destinera certains aux hommes. Elle reformera l'ordre religieux du Carmel, appliquant des règles beaucoup plus strictes que celles qu'elle connut. Elle instaure une grande austérité et prescrit le jeûne de septembre à Pâques, à l'exception des dimanches. Elle-même se contentant de bien peu de nourriture depuis son jeune âge ; Teresa se sert depuis fort longtemps d'une tige d'olivier pour se faire vomir afin de recevoir l'hostie sans crainte de la rejeter. Par ses réformes, elle dit vouloir ainsi éviter aux novices de vivre la torture de la tentation qu'elle vécut, plus jeune.

À l'âge de soixante ans, l'abnégation de Teresa est devenue totale. Elle qui fut si longtemps déchirée entre le monde et Dieu, a maintenant atteint les sommets de la vie mystique. Il semble que le temps ait vaincu ses tentations.

La création des couvents est relatée dans *Le Livre des fondations*, publié en 1610. Durant les dernières années de sa vie, elle écrit *Château intérieur*, publié en 1588. Teresa est déclarée bienheureuse en 1614, puis sainte en 1622.

Enfin, en 1970, elle est la première femme proclamée docteure de l'Église.

Ces bribes de vie de Sainte Thérèse d'Avila nous permettent quelques observations. Précisons d'abord que nous ne disposons d'aucune analyse détaillée sur la relation qu'entretenait sainte Thérèse avec sa mère, ni même sur sa petite enfance. Notre regard s'est donc porté sur le pan de son histoire familiale à partir de quatorze ans, âge de la mort de sa mère. Nous constatons qu'elle est - ou qu'elle pense être - comme dans bien des récits d'anorexiques, l'enfant préférée de son père. Nous devinons effectivement une complicité avec celui-ci, qui semble d'ailleurs s'altérer lorsqu'il apprend que sa fille côtoie la cousine *frivole*, puis lorsqu'elle pense à convoler avec un jeune homme. À deux reprises, le père s'interpose dans ces relations à connotation sexuelle. Il ira même jusqu'à éloigner sa fille plutôt que la garder près de lui, éprise du jeune homme. Nous pouvons situer ici, le moment où la jeune fille commence à appréhender le mariage et s'interroge sur un éventuel avenir religieux. Nous voyons aussi comment, par deux fois, elle va se servir de son corps, de la maladie, pour revenir auprès de son père. Il se dessine clairement deux grandes constantes dans la vie de Sainte-Thérèse d'Avila : d'une part, sa recherche éperdue d'un maître, d'un confesseur ; cette quête semble être exclusivement masculine. Elle se met sous la protection de Saint-Joseph, d'ailleurs lui-même père de Jésus ; elle optera plus tard, pour Don Francisco de Salcedo ; elle vouera une admiration inconditionnelle à Saint-Jean de la Croix pour enfin, devenir l'épouse de Dieu. D'autre part, le conflit intérieur qui ne cessera de la tourmenter. Nous voyons bien à quel point deux parties de sa personnalité se disputent la victoire. Clivage qui apparaît dans la totalité de son œuvre : riche en paradoxes, elle était, à la fois, une ardente mystique et une femme d'affaires. François de Saint-Chéron dira d'elle : *elle est à double fond : une contemplative hors le monde et à la fois un homme d'État. Avec la création de ces trente-deux monastères, elle fut une ouvrière de précision et une puissante organisatrice*. Nous pouvons aussi relever qu'après la mort de son père, c'est par la voix de Dieu, que l'interdit lui sera proféré, comme si Sainte Thérèse n'avait pas pu, jadis, intégrer une loi, qui ne pourrait désormais, lui parvenir que de l'extérieur.

Mais Sainte Thérèse d'Avila n'est pas la seule pour qui la trace d'une quête du père se laisse deviner. Il put en être ainsi également pour Véronique Orsola Guiliani (1660-1727). Après la mort de sa mère, lorsqu'elle a six ans, son père confie son éducation à ses sœurs aînées et part asseoir sa carrière professionnelle à travers les cités italiennes. Quand il revient, un an plus tard, Orsola se souvient avoir eu la conviction qu'il l'aimait énormément. Il lui aurait promis toutes sortes de présents merveilleux si elle venait avec lui, mais elle refusa, ne voulant pas partir sans ses sœurs. Elle se retrouva donc à sept ans confrontée à un terrible choix : abandonner sa famille ou son père. Finalement, elle restera et apprendra, plus tard que son père occupe désormais un poste prestigieux et lucratif, mais surtout qu'il a une maîtresse. Certains écrits de la sainte font état du choc affectif que fut pour elle l'annonce de cette nouvelle, par contre, jamais elle ne s'exprima directement sur cette rivale. Orsola se dit terriblement déçue de ce qu'elle considère comme un double abandon de la part de son père. Quelque temps après, elle finira par aller vivre auprès de lui. Orsola se souvient qu'elle appréciait beaucoup sa nouvelle vie : *mon père voulait que je sois mieux parée que les autres. Bien souvent, il m'apportait çà et là un nouveau présent. Il m'aimait tant ! Quand il était à la maison, il voulait toujours que je fusse près de lui. Tout cela me plaisait.* Bientôt lui viendra le projet de rentrer au couvent, mais son père s'y oppose, ne souhaitant pas qu'elle s'éloigne définitivement de lui. Pour la convaincre, il lui aurait fait entrevoir les joies de ce monde en invitant d'éventuels prétendants. Mais Orsola semblait dégoûtée. Rien ne pouvait la détourner de sa décision ; même les supplications de son père, en pleurs, n'y changeront rien. Notons aussi qu'avant que n'apparaisse ce projet pieux dans l'esprit d'Orsola, elle aurait traversé une période d'attirances pour les plaisirs terrestres. Elle qui aimait se faire admirer pour sa beauté, aurait, avec un cousin libertin, passé des longs moments, à jouer à *toutes sortes de choses*. À treize ans, elle convainc son père de l'emmener aux tables de jeu, pour cela, elle se déguise en homme, ce qui, au XVIIe siècle, à Piacenza, s'apparentait à une invite sexuelle.

Elle affirmera finalement sa détermination le jour de sa première communion, déclarant à son père : *je ne suis plus vôtre, j'appartiens tout entière à mon Seigneur.* Devant l'obstination de sa fille et ses propres tentatives vaines, son père l'envoie chez un oncle qui devait la dissuader de devenir nonne. Cet oncle effrayait Orsola, elle n'osait s'adresser à lui. Chez lui, elle attrapa une maladie étrange que personne, même pas l'oncle, pourtant médecin, ne put identifier. On peut supposer, sans aucune certitude, que les prémices de l'anorexie apparurent ici, mais les véritables symptômes ne devinrent évidents qu'à l'âge de dix-huit ans. Très malade, elle écrit à son père :

> *Je viens par la présente vous dire, avec toute ma sincérité et mon cœur, que je suis décidée à devenir religieuse et le plus tôt possible. Si vous voulez vous remarier, vous pouvez le faire parce que cela ne sert à rien d'attendre que je change d'avis. (...) J'ai abandonné la maison et la chair [...].*

Son père finit par lui donner son accord et la maladie d'Orsola disparut. Elle n'entra au couvent que deux ans après la capitulation de son père, deux années pendant lesquelles, elle fut torturée par le doute. Elle éprouvait sans cesse le besoin de s'activer, son entourage disait *qu'elle courrait comme une folle.*

C'est à l'occasion de sa vêture qu'Orsola devint sœur Véronique. Pendant son noviciat, qui dura trois ans alors que la période probatoire était généralement d'un an, elle fut, comme Thérèse d'Avila, soumise aux tentations de la chair.

L'anorexie sainte de Véronique se traduisit par un régime constitué de pain et d'eau. Lorsqu'elle était contrainte de s'alimenter au-delà, elle vomissait systématiquement. Durant les années de pires restrictions, elle resta toujours très active et dormait peu. Certains témoignages affirment qu'elle fut parfois surprise en train de manger avec avidité, ce qui était alors attribué à Satan.

Véronique fut d'ailleurs souvent plus considérée comme un agent du diable que comme élue de Dieu. C'est vers l'âge de trente ans qu'elle semble acquérir un meilleur équilibre psychologique. Elle se sert moins de ses instruments de flagellation et reprend l'alimentation destinée à tous les membres de son ordre. Véronique meurt en 1727. Selon Bell, elle reste un des cas les plus étudiés d'une anorexie sainte guérie.

Nous pouvons, ici aussi, deviner la relation exclusive que Véronique et son père entretenaient. Reste à se demander si ce qui apparaît comme une attirance réciproque n'est pas uniquement le fruit du fantasme de la jeune fille. Ne projette-t-elle pas ses propres désirs refoulés lorsqu'elle dit que son père souhaitait qu'*elle soit toujours près de lui* et qu'*il l'aimait énormément* ? Certaines biographies de la sainte supposent que le père aurait très tôt refusé Véronique en tant que fille ; elle aurait été le garçon qu'il attendait tant.

Nous devons signaler que Véronique est la plus jeune d'une fratrie de sept. Six filles la précédèrent. Elle aurait longtemps tenté de séduire son père par des attitudes de garçon manqué. La mère de Véronique qui, d'après les mêmes sources, ne se serait pas entendu avec son mari, aurait largement contribué à insuffler chez ses filles, une certaine aversion pour le mariage, mais aussi une image dévalorisée de leur père.

Tout comme Thérèse d'Avila, c'est la jeune fille qui impose les limites de cette relation. Elle les imposera à son père autant qu'à elle-même, dans le réel, par la décision du noviciat. Relevons également l'aide que le père va chercher auprès de l'oncle, pour tenter de se faire entendre de sa fille. Lui, ne parvient pas à la convaincre, mais il pense que, quelqu'un d'autre, en l'occurrence une figure masculine, de tempérament semble-t-il assez rude, pourrait y arriver.
Il est une facette du ressenti d'Orsola qui revient de façon récurrente dans ses témoignages : il s'agit de la notion de déception, thème d'ailleurs très présent dans le discours des anorexiques modernes. Déception, dans l'histoire d'Orsola, au moment du départ du père après la mort de la mère puis à l'annonce de sa liaison, enfin lorsqu'il la repousse au profit de sa maîtresse et tente de lui trouver des prétendants…
Chez Véronique comme chez Sainte Thérèse d'Avila, nous comprenons clairement que les tentations les ont accompagnées tout au long de leur sacerdoce.

Déception par rapport au père également chez Sainte Marie-Madeleine de Pazzi, de son vrai nom, Catherine Lucrèce de Pazzi, (vers 1565-1604). Ici, la figure dominante de la famille est clairement définie comme étant la mère. Le père, lui est dépeint comme un personnage débonnaire, plein d'une certaine bonté naturelle.

Durant son enfance et le début de l'adolescence (concept qui n'existait pas à cette époque), elle entre en conflit avec sa mère pour obtenir l'affection de son père. Mais, à l'âge de quatorze ans, son père prend un poste de gouverneur, il part s'installer, avec son épouse, dans une autre ville et place Catherine Lucrèce dans un couvent. Défaite insurmontable pour la jeune fille qui, dès ce moment-là, manifestera les premiers signes d'une anorexie grave. De l'âge de vingt ans et jusqu'à sa mort, vers quarante ans, elle n'absorbera que du pain et de l'eau.

Une autre figure représentative du jeûne extrême du Moyen-Âge est Catherine de Sienne, Catherine Benincasa, (1347-1380). Elle aussi entretient avec son père une relation privilégiée ; ici encore, sa mère apparaît comme l'élément fort et dominateur de la famille. Avant Catherine, il naît vingt-deux enfants de l'union de ses parents dont la moitié ne survivra pas. C'est vers six ans qu'elle a sa première vision : Jésus lui apparaît, souriant. C'est à ce moment-là qu'elle commence à intégrer des rituels dans son quotidien, déjà elle s'impose des punitions corporelles. À l'âge de douze ans, sa mère commence à la préparer à l'idée du mariage. Dans un premier temps, Catherine acceptera de se prêter au jeu de la séduction ; sous l'influence d'une de ses sœurs, Bonaventure, elle développe une attirance pour les belles tenues, le maquillage et les coiffures soignées. Mais progressivement, elle abandonnera l'attrait qu'exerçaient sur elle, les apparats matériels de sa féminité naissante pour reprendre, de plus belle, ses flagellations. À seize ans, Catherine n'absorbe plus que de l'eau, du pain et des herbes crues. C'est, plus tard, à la mort de son père, que Catherine cessera d'intégrer le pain à sa nourriture.

Elle fait vœu de silence et malgré sa présence en famille, se tait pendant trois ans. Elle ne dort que trente minutes tous les deux jours sur une planche de bois et se flagelle trois fois par jour avec une chaîne de fer. Devant la violence des mortifications que s'impose Catherine, sa mère, Lapa se révolte et tente par la force de ramener Catherine à des pratiques moins rigoureuses. Catherine prétexte agir en fonction de ce que son époux, Jésus, lui demande et non en fonction du souhait des hommes de ce monde. Très tôt, elle sera l'objet de nombreuses controverses. Ces amis et sa famille craignaient que Catherine ne soit tombée dans les griffes du démon. Notons que très tôt, Catherine se fera appeler *Euphrosyne* par ses amis et ses voisins. Petite, elle lut *La légende dorée*, livre très populaire de Jacopo de Varazze et s'identifia fortement à son héroïne. Celle-ci, pour échapper à un mariage non désiré, se grime en homme et se retire dans un monastère. Sur son lit de mort, exténuée par ses pénitences, elle révèle à son père sa véritable identité et ce dernier, fou de douleur, passera les dix dernières années de sa vie dans la cellule où il vit mourir sa fille.

Le père de Catherine était réputé pour sa patience et son bon sens. Lorsqu'elle demande à ses parents d'abandonner tout projet de mariage la concernant et précise que leur autorité ne prévaudra jamais sur celle de Dieu, Giacomo accède sans hésitation au souhait de sa fille : *loin de nous, très douce fille, la pensée de nous opposer à la volonté divine [...]. Fais ce qu'il te plaira et ce que l'Esprit saint t'apprendra,* puis s'adressant à sa famille : *que jamais plus personne n'ennuie ma douce fille ; que personne n'ose la gêner en aucune manière ; laissez-la servir son époux de la façon qui lui plaira...* Malgré cet ordre de son mari, dont elle fait assez peu de cas, Lapa ne désarme pas et continuera à lutter contre les pratiques de sa fille.

Il est remarquable que Catherine ait longtemps souhaité se maintenir au sein de sa famille. Ainsi, elle trouvera une congrégation qui lui permettra de porter l'habit dominicain tout en demeurant chez elle. À la mort de son père, elle a vingt et un ans, elle est subitement atteinte d'une vive douleur au flanc qui ne la quittera plus jusqu'à sa propre mort. Elle passera de longues journées à prier pour que Giacomo ne connaisse pas le purgatoire. Ce décès lui apporte cependant un regain de confiance quant à la nature particulière de ses relations avec Dieu.

Il est clair, pour nombre de ses biographes, que dans l'esprit de Catherine, son père représenta Jésus, sa mère Marie, ses frères et sœurs les apôtres et les disciples. Plus tard, son univers s'élargira au point d'inclure les papes, les rois et les reines. Elle leur écrivait souvent et les considérait comme faisant partie de sa famille. Ainsi, elle s'adressait au pape Grégoire XI en l'appelant *Babbo* ou *dolcissimo Babbo : son papa très doux*. Le pape éprouvait d'ailleurs, pour la personne de Catherine, une vénération semblable à celle que son père lui avait manifestée.

Elle prendra parti pour le pape Urbain VI lors d'une révolte des seigneurs de Florence. C'est en ces termes qu'elle tente de faire respecter la loi du Père :

> *Celui qui se révolte contre notre Père, le Christ sur la terre, est condamné à mort, car ce que nous faisons contre lui, nous le faisons contre le Christ du ciel. […], par votre désobéissance et vos persécutions, vous êtes tombés dans la mort et dans la haine de Dieu. […] Moi je vous dis ce que veut Dieu et vous ordonne*[7].

Toute sa vie, Catherine sera considérée comme une sainte, malgré les suspicions d'hérésie qui pèseront sur elle. Elle meurt en 1380, suite à un coma provoqué par une grève totale de la faim qui dura plusieurs mois. Sa biographie fut écrite, dans les dix années qui suivirent sa mort, par

---

[7] RAIMBAULT, G., ELIACHEFF, C., Les indomptables, figures de l'anorexie, Paris, Odile Jacob, 1989, p. 258 - 259

Raymond de Capoue, son confesseur spirituel, sous le titre *La légenda*. Catherine de Sienne fut canonisée en 1461 et reconnue docteure de l'Église en 1970 par Paul VI.

Ces quelques exemples nous auront, peut-être permis, de mettre en relief, d'une part les relations particulières pour l'époque, que ces saintes ont entretenu enfant ou adolescente, avec leur père réel ; d'autre part, celles qu'elles tenteront d'établir, plus tard, avec Dieu. Nous avons voulu signaler ce qui, dans ces relations de proximité à des pères *maternants*, avait pu guider ces jeunes filles vers une recherche éperdue d'un père sans corps. Il était important de voir également ce qu'il avait pu en être, pour ces femmes, de l'intériorisation, ou non, d'une loi et de la provenance de celle-ci. Leur quête de Dieu ne peut-elle aussi se comprendre comme une recherche de protection face à un vide de règles et de limites, élément indispensable à l'organisation de la vie psychique ?
Il est indéniable que la culpabilité gouverna de nombreux aspects des existences chaotiques de ces femmes. Négation du désir, rejet de tout plaisir terrestre, refus des tentations humaines : mais quelle faute ces jeunes femmes pouvaient bien vouloir expier ? Peut-on même imaginer une faute aussi grave pour mériter de tels châtiments ? L'autodévalorisation et l'absence d'amour de soi suffiraient-elles à justifier les supplices qu'elles s'imposaient ? D'où surgissait la source de ce dégoût d'elles-mêmes qui les poursuivait parfois toute leur vie ?

Les informations obtenues ne nous permettent pas de conclure que, seule cette particularité supposée de la perception des figures paternelles, ait pu avoir une influence décisive sur les choix de vie de ces saintes. Il aurait fallu, pour une étude exhaustive, pouvoir situer ces jeunes filles dans leur contexte familial précoce, tenir compte de leur personnalité respective et enfin, disposer d'une anamnèse plus détaillée. Par ailleurs, nous ne pouvons faire abstraction du contexte culturel de l'époque, autre élément entrant en jeu dans le développement du trouble.

Nous pouvons toutefois nous demander si leur quête aurait pris une telle importance, en présence d'un père ressenti comme garant de la loi, porteur de limites et, de ce fait, plus conforme à l'image du *Père* de notre héritage archaïque.

CHAPITRE II

ÉLISABETH D'AUTRICHE

La fin du XVIIIe siècle et le XIXe siècle marqueront le développement de la rationalité et la maîtrise de la technologie. Ainsi, Dieu cédera progressivement sa place au savant, détenteur d'un nouveau pouvoir, celui de la science. C'est donc, à ce carrefour de l'évolution, que l'histoire d'Élisabeth d'Autriche, communément appelée Sissi, s'inscrira.
En 1689 un auteur anglais, Richard Morton écrit en latin, un livre intitulé *phtisiologie : sur la maladie de consomption*. Il décrit une maladie qu'il qualifie de *consomption* ou *atrophie nerveuse*[8]. Pour Morton, la maladie a une origine nerveuse : elle proviendrait d'un bouleversement de l'énergie vitale. Nous avons tout d'abord pensé que Morton faisait allusion à ce que la médecine a décrit plus tard sous le nom de tuberculose. Les phtisies étaient, bien avant, considérées par Hippocrate comme une des maladies touchant particulièrement les jeunes gens[9], il y associait une toux persistante. Notons dès maintenant que Sissi fut longtemps atteinte d'une toux faisant craindre à son entourage, ainsi qu'à son médecin, une atteinte tuberculeuse. Mais Morton ajoutera à sa description, trois symptômes : la perte de l'appétit,

---

[8] THIS, Bernard, De Lasègue à Freud, Le Coq héron, n° 86, 1983, p. 22
[9] HIPPOCRATE, Les œuvres complètes d'Hippocrate, Tome IV, Paris, J.B. Baillière, 1844, p. 501

l'aménorrhée, l'amaigrissement important. C'est donc au XVIIe siècle qu'un médecin pressent à son insu, l'entité nosologique de l'anorexie mentale.

Cependant, à cette époque, les écrits médicaux sont rarement publiés, et ce tout premier regard sur la maladie restera dans l'ombre jusqu'au siècle suivant.

En 1789, un Français nommé Nandeau, rédige un texte intitulé : *observation sur une maladie nerveuse accompagnée d'un dégoût extraordinaire pour les aliments*[10]. Déjà, Nandeau soupçonne une origine névropathique à la maladie qu'il observe. Il déclare : *la grande mobilité du genre nerveux et la constitution vaporeuse de cette femme me firent juger que ce désordre reconnaissait, pour cause, une affection hystérique* (…). Cette considération, comme celle de Morton, restera lettre morte jusqu'aux dernières décades du XIXe siècle.

Élisabeth d'Autriche a trente-six ans lorsqu'en France et en Angleterre, deux médecins revendiquent la paternité d'un trouble, qu'ils ont pu observer par leurs expériences cliniques. En 1873, Charles Ernest Lasègue, psychiatre français décrit une pathologie qu'il appelle *anorexie hystérique* ou *Inanition hystérique*. Il classe l'anorexie comme partie intégrante d'un trouble digestif survenant dans l'hystérie. L'objet du mémoire qu'il écrira, suite à l'observation de huit jeunes femmes atteintes de cette affection, est donc de faire connaître, une forme particulière de l'hystérie à foyer gastrique. Il constate que la privation s'est faite très progressivement et que le corps peut ainsi, longtemps, préserver son intégrité ; il évoque également ce qui est aujourd'hui défini par l'hyperactivité ; il note la disparition des règles ; enfin, il soulignera le rôle prépondérant de

---

[10] DECOURT, Jacques, L'anorexie mentale au temps de Lasègue et Gull, Presse médicale, n° 62, 1954. p. 355 - 358

l'entourage : *le milieu où vit la malade exerce une influence qu'il serait également regrettable d'omettre ou de méconnaître*. Très vite, il fera le constat d'échec relatif à tous les traitements prescrits, et commencera à considérer l'état mental comme un élément moteur de la maladie : *si j'attache à l'état mental une importance qui paraîtra peut-être exagérée, c'est que toute la maladie se résume à cette perversion intellectuelle : supprimez-la, vous avez une affection banale destinée à céder à la longue aux procédés classiques de traitement*. Nous lui devons la première analyse psychologique de la maladie. En France, Lasègue fut considéré comme le véritable père de l'anorexie mentale. Dans le même temps, en Angleterre, Sir William Withey Gull publie une forme révisée de conclusions qu'il avait écrites en 1868 relatives à un trouble qu'il nommait alors *Apepsia hystérique*. C'est donc en 1874 qu'il le baptise *Anorexia nervosa*, terme encore employé de nos jours en Angleterre et aux États-Unis. Par sa description, il mettra en évidence d'autres symptômes tels que la faiblesse du pouls, la respiration lente et l'absence constante de pathologie somatique. Déjà, il affirme que les parents sont *ceux qui s'occupent le plus mal d'elle*[11], mais il n'explorera jamais plus la nature de la relation parent/enfant. Pour Gull, l'anorexie déborde largement du cadre de l'hystérie. Les forces mobiles du cerveau donneraient naissance à des désordres distincts de leur cause originelle. Il voit une neuropathologie qui irait du cerveau aux tissus. Il ébauchera, par sa vision de la maladie, les prémices de la psychosomatique.

---

[11] *In* L'anorexie sainte, jeûne et mysticisme du Moyen-Âge à nos jours, p.9

En 1883, Huchard substitue au terme d'*anorexie hystérique* celui d'*anorexie mentale*.

C'est Charcot qui sera l'initiateur de l'isolement dans le traitement de l'anorexie. En compagnie de Déjerine, il appliquera les premiers traitements par isolement rigoureux du cercle familial. Les anorexiques se rendaient alors dans des cliniques tenues par des religieuses. Cette séparation, le temps, l'hydrothérapie et la médication éventuelle liée aux troubles gastriques fonctionnels étaient les seules thérapies envisageables pour les anorexiques. Notons que si l'anorexie était encore, à cette époque, intimement liée à l'hystérie, Charcot avait volontiers accepté l'appellation *anorexie mentale* d'Huchard, car il n'isole pas dans la pathologie certains symptômes de l'hystérie tels que les anesthésies ou le rétrécissement du champ visuel.

Bien que ces recherches aient été contemporaines de Sissi, nous n'avons trouvé nulle part la trace d'une influence quelconque de ces découvertes dans la prise en charge médicale de l'impératrice.

C'est en cela que le cas d'Élisabeth d'Autriche nous est apparu comme particulièrement intéressant. En effet, l'anorexie de Sissi est, à la fois libérée du contexte culturel antérieur, empreint d'un mysticisme exacerbé, mais aussi libre de toute interprétation médicale, de tout a priori social et culturel.

Élisabeth de Wittelsbach est née en décembre 1837 à Munich. Elle est la troisième fille des huit enfants de la fratrie.

Sa mère, Ludovika est la sœur de l'archiduchesse Sophie, et de ce fait, la tante de François-Joseph, celui qui deviendra plus tard l'époux de Sissi. Les mariages entre cousins étaient fréquents à l'époque, notamment dans les familles aristocrates. Ludovika nous est apparue comme une femme frustrée. D'une part, elle élève pratiquement seule ses huit enfants, ce qui est particulièrement contraire aux usages de l'époque, d'autre part, elle n'a pas été mariée à un homme de rang élevé : Maximilien n'est que duc. Il semble d'ailleurs que le mariage des parents de Sissi n'ait jamais été marqué du sceau de l'amour réciproque. Max aurait, dès leurs noces, informé Ludovika qu'il n'était pas amoureux d'elle. Il aurait d'ailleurs, continué à entretenir des relations de passage avec des femmes de la bourgeoisie. Ce mariage conventionnel, bien que fragile, ne sera pas, malgré tout, totalement un échec. Ludovika apportera à son mari la rigidité et l'ordre qui lui font tant défaut. Ludovika structure la vie de Maximilien. Cette complémentarité aura peut-être son importance dans la survie de leur union. Ludovika ne se soucie ni de politique ni de religion et dégagera ses enfants d'influences particulières dans ses deux domaines. Elle trouvera certainement dans l'éducation de ses enfants, un accomplissement et une somme de plaisirs que Max ne lui procurera jamais.

Le duc Maximilien, est un homme simple qui ne cesse de fuir les protocoles ; il aime la nature et se sent proche d'autrui. Il est généralement décrit comme un personnage sympathique, comme un homme fin, cultivé, original. Il aime lire, composer des vers, jouer de la musique, fréquenter des savants et des artistes populaires. Il voyage beaucoup. C'est d'ailleurs ce qui explique la solitude de Ludovika et de ses enfants. Ses opinions politiques sont libérales. Max multiplie les conquêtes féminines dont il aurait eu plusieurs enfants illégitimes. À l'inverse de son épouse, il incarne la souplesse, l'insouciance voire l'anarchie. Paradoxalement, il est mentionné, dans certains ouvrages, un côté dépressif chez Max ; nous nous sommes donc demandé si la coexistence de ces comportements opposés ne signerait pas une prédisposition à la maniaco-dépression.

Ses rapports avec ses enfants sont libres : sans contraintes ni manières. Cette attitude de proximité marque encore une particularité de l'éducation de Sissi. En effet, à cette époque et dans cette classe sociale, la distance entre les parents (plus particulièrement les pères) et les enfants était alors beaucoup plus marquée que ce que pratiquait Max avec les siens.

L'enfance d'Élisabeth nous est apparue comme insouciante, heureuse, totalement dégagée des contraintes de l'éducation aristocratique des filles de l'époque. Elle est élevée dans l'ignorance de toutes limites, elle ne se soumet qu'à peu de règles. Elle aurait, elle aussi, été la préférée de son père. Sissi adore Max; elle lui ressemble beaucoup. Elle recherche toujours sa présence dès qu'il est de retour de voyage. C'est une enfant très attachée à un père qui ne lui impose jamais sa loi. Il ira même jusqu'à bafouer toute loi que d'autres tenteront d'inculquer à Sissi. Le peu d'éducation aristocratique que Ludovika imposera à ses enfants sera battu en brèche par Max qui ne vit que selon son propre désir. Il n'était pas rare que, petite, Sissi parte avec Max à travers la campagne, pour rendre visite aux maîtresses de celui-ci! À l'âge de neuf ans, l'éducation de Sissi est confiée à la baronne Wulffen, cette dernière capitulera devant la difficulté : Max ne cesse de contrer son autorité en présence de sa fille. Aucun frein ne sera jamais mis par ce père, à la liberté de Sissi ; Raymond Chevrier, auteur d'une biographie d'Élisabeth d'Autriche dira : *ce père qui lui fera, en définitive, tant de mal pour avoir voulu lui faire trop de bien*[12]. En agissant de la sorte, uniquement selon son bon plaisir, en considérant Sissi comme une confidente, une camarade de jeux, Max ne prépare en rien Sissi à devenir Élisabeth d'Autriche. L'absence totale de lois et le mépris du cadre qu'il lui inculque laisseront une trace indélébile sur le destin de Sissi.

Max n'aura pas le temps de voir sa fille préférée devenir une femme : elle a juste quinze ans lorsque Ludovika et sa sœur

---

[12] DES CARS, Jean, Sissi ou la fatalité, Paris, Librairie académique Perrin, 1993, p.25.

organisent ses fiançailles. Max est totalement ignoré par sa femme et l'archiduchesse Sophie qui ne lui demanderont même pas un consentement symbolique. Il est nié en tant qu'homme et en tant que père par Ludovika, sous le regard de Sissi. À propos de cette négation du père par la mère, toute puissante, Ginette Raimbault et Caroline Eliacheff nous disent :

> *Ces mères « parfaites » ne faisant cas ni de la parole ni de l'autorité du père n'ont rien[13] à transmettre à leur fille. Les pères étroitement dépendants de la parole des mères à leur endroit sont réduits à l'inexistence symbolique de leur fonction, qu'ils remplissent bien ou mal leur rôle social[14].*

Après le départ de Sissi pour Vienne, Max cessera d'ailleurs totalement de s'en préoccuper.
Avant d'être arrachée à son enfance insouciante, Sissi, bien que gaie, enjouée et très active, n'en était pas moins déjà tournée vers l'intériorisation, vers l'écriture. Ses poèmes révéleront très tôt une fascination pour la mort et la folie. On lui prête facilement un penchant mélancolique. C'est une jeune fille d'une extrême sensibilité. Physiquement, elle est grande, très mince, plutôt jolie malgré ses dents jaunies de façon précoce. Nous pourrions supposer, dans ce détail descriptif, les premiers signes d'une alimentation carencée, bien que rien ne puisse nous conforter dans cette hypothèse puisque le comportement anorexique de Sissi ne semble débuter qu'après le décès de sa fille aînée, à l'âge de vingt ans. Notons qu'il en est souvent ainsi dans l'histoire de l'anorexie : comme nous avons pu le vérifier chez les saintes du Moyen-Âge, et tel que nous pouvons l'observer dans la

---

[13] Déjà en italique dans le texte.
[14] *In* Les indomptables, figures de l'anorexie, p.87.

clinique d'aujourd'hui, le trouble se révèle souvent à la suite d'un deuil, comme si le traumatisme présent venait réactiver un deuil beaucoup plus ancien, n'ayant pu être élaboré.
À l'approche de son mariage et de son entrée dans une vie qu'elle pressent protocolaire, Sissi devient grave, particulièrement taciturne ; d'autant plus que ce projet implique un départ définitif de la maison familiale.

La rencontre de Sissi avec François-Joseph se fait dans des conditions très particulières. C'est en fait Hélène, sa sœur, qui était promise au jeune empereur. Mais lors de la rencontre, à la cour de Vienne, il suffit de quelques minutes pour que le jeune homme tombe amoureux d'Élisabeth. L'archiduchesse Sophie, qui avait organisé avec sa sœur Ludovika, le mariage de leurs enfants, est horrifiée : à vingt-trois ans, c'est la première fois que François-Joseph s'oppose à la volonté de sa mère ; il n'épousera pas Hélène, mais Élisabeth.
Le mariage de Sissi et l'accès au titre d'impératrice peut cependant être vu comme une revanche de Ludovika quant à sa condition de femme esseulée et frustrée.

L'archiduchesse Sophie a épousé contre son gré, l'archiduc François Charles faible de corps et d'esprit. Sophie considérera toujours son mari comme un enfant qui ne grandira jamais. Elle partage donc, avec sa sœur, le peu de considération qu'elles ont pour les hommes et plus particulièrement pour leurs maris. Certains diront de Sophie qu'elle *est le seul homme de la famille*. Sophie est une femme rigide, dure, intransigeante dans tous les domaines, mais plus particulièrement sur ce qui a trait aux protocoles. Elle sacrifiera beaucoup d'elle-même pour que son fils, qu'elle vénère, accède au trône. Nous verrons plus tard, combien François-Joseph, fils d'un père diminué et d'une mère qui désire pour lui, aura du mal à s'imposer comme mari. Jusque-là, Sophie contrôle totalement la vie privée, sociale et politique de son fils. Elle tentera longtemps d'exercer sa maîtrise sur lui, même après son mariage et l'étendra sur Sissi qu'elle considère inapte à devenir impératrice et donc comme un sujet qu'il va falloir dresser, façonner.

Sissi, retrouve donc, par son mariage, une situation identique à celle de son enfance. Elle devra faire face à une femme puissante et volontaire et par ailleurs, constater les fréquentes défaillances de celui qui est devenu l'homme de sa vie. Sophie et Élisabeth se livreront, durant de longues années, une lutte d'une rare violence ; lutte dont Sissi sortira exsangue.

Les toutes premières relations intimes du couple ne semblent pas s'être déroulées sans problème. Certains prétendent qu'il aurait fallu trois nuits à François-Joseph pour déflorer Sissi. De cet instant, la jeune fille se serait enfermée dans un silence total, ne voulant plus paraître à la table familiale, prétextant vouloir prendre tous ses repas, seule dans ses appartements. Sous la pression que Sophie exerce sur François-Joseph, celui-ci obtient de son épouse qu'elle apparaisse en famille, comme auparavant. Sissi accepte, mais c'est alors le point de départ de terribles angoisses se traduisant par des quintes de toux et des crises de claustrophobie.

François-Joseph est très absent, retenu par ses responsabilités d'empereur. Il laisse souvent Sissi aux prises avec sa mère. Lorsqu'il est là, il exècre à jouer l'arbitre entre les deux femmes. Il prend rarement parti pour l'une ou l'autre et fait même parfois preuve de lâcheté, à ce sujet. Il est néanmoins très amoureux de sa femme et lorsque celle-ci l'oblige à prendre position, c'est à elle qu'il accorde sa défense.

Lorsque Sissi sombrera dans une grave dépression, elle écrira longuement sa tristesse, son désir de profiter plus de son mari et sa grande déception à l'égard de celui-ci. Élisabeth s'alimente peu, elle est affaiblie et surtout présente une inquiétante cyclothymie. Relevons qu'ici encore, la déception est évoquée. Ne pourrait-il s'agir d'un écho d'une lointaine déception : celle de ne pas trouver dans l'image de son père, idéalisé dans le réel, un étayage suffisant ?

Un an après le mariage, Sissi met au monde une fille, qui sera prénommée Sophie par et comme l'archiduchesse. Celle-ci est d'ailleurs très déçue puisqu'elle attendait un héritier pour le trône. Elle accapare tout de même l'enfant, reléguant Sissi à son rôle de génitrice et la privant de toutes ses prérogatives maternelles. Peu de temps après, une deuxième fille naît : Gisèle. Le scénario est identique. Sissi ne pourra élever son enfant. Sissi lui avait volé son fils, Sophie lui prenait donc maintenant ses propres enfants. Que ce soit par sa belle-mère ou par la mort, Sissi se verra arracher certains de ses enfants : la petite Sophie meurt brutalement à l'âge de deux ans. Cette mort précipitera Sissi dans une détresse sans précédent. Elle entrera alors véritablement dans l'anorexie et développera progressivement de nombreux symptômes typiques du trouble. Elle est hyperactive, monte à cheval pendant des heures et épuise ses dames de compagnie lors de ses marches qu'elle effectue au pas de course (jusqu'à trente kilomètres par jour). Ses comportements phobiques s'accentuent au point de devenir invalidants, des douleurs abdominales ne la quittent plus, ses attitudes sont de plus en plus paradoxales à tout point de vue : elle mélange en permanence la discipline et l'indiscipline, la rigueur et la fantaisie.

Très vite, elle est de nouveau enceinte et cette fois, met au monde un garçon, Rodolphe, très chétif, encore une fois ravi par Sophie, elle ne pourra pas non plus s'occuper de cet enfant. Rodolphe connaîtra une fin tragique puisqu'il se suicidera à l'âge de trente ans, dans son pavillon de Mayerling.

Sissi passa une grande partie de sa vie à méditer la mort. À partir du décès de Rodolphe, chaque jour, elle souhaitera la sienne proche. L'existence d'Élisabeth fut ainsi émaillée de deuils successifs. Son existence sera jalonnée de voyages lointains qui d'ailleurs, lui apporteront chaque fois, l'énergie nécessaire pour survivre à son mal-être. À l'instar de son père, elle aime particulièrement découvrir de nouveaux horizons et sa maladie lui en fournira le prétexte idéal. Ses itinéraires prennent la forme d'un véritable catalogue de thermalisme.
Élisabeth s'imposera, jusqu'à la fin de sa vie, une discipline corporelle d'une incroyable rigueur. Elle pratique une activité physique incessant ; au-delà de ses péripéties équestres et de ses marches épuisantes, elle s'est fait installer une salle de gymnastique dans ses appartements, fait totalement révolutionnaire pour l'époque. Elle refusera toujours de dépasser cinquante kilos alors qu'elle mesure un mètre soixante-douze. Ses trois pesées quotidiennes sont des moments solennels pouvant générer, chez elle, de grandes satisfactions comme d'intenses colères. Dès qu'elle s'alimente mieux, son corps reprend vie, alors surgit la crainte de gâter sa silhouette ; dès que son poids dépasse de trois cents grammes les cinquante kilos, elle s'estime obèse. Par ailleurs, elle prend un bain d'eau glacée par jour. La vie d'Élisabeth est ainsi : tantôt, son âme bondit vers des sommets d'allégresse, tantôt elle chute au plus profond de l'angoisse. Les régimes alimentaires de Sissi seront toujours de nature très particulière, il ne s'agit pas tant pour elle de ne pas manger, mais elle sélectionne périodiquement ce qui est bon pour elle. Ainsi, elle se contentera durant des mois de côtelettes à peine saisies et de sang de bœuf, qu'elle considère comme très énergétique, viendra ensuite la période légumes et laitages qui se transformera pour plusieurs années en une alimentation exclusivement composée de liquides : jus de fruits et lait. Les dix dernières années de sa

vie, Sissi est particulièrement anémiée, elle souffre de névrites, d'insomnies et d'une légère dilatation cardiaque : elle ne se nourrit plus que de huit oranges par jour. Rappelons qu'à cette époque, la minceur n'est pas une valeur féminine et que Sissi ne semble même pas intéressée par la mode vestimentaire.

Une toux persistante et des œdèmes des membres inférieurs font suspecter un début de tuberculose. À cette époque, le médecin de Sissi, le Dr Seeburger est un médecin généraliste que l'archiduchesse Sophie entretient à la cour. Sissi le déteste : il n'a pu sauver sa petite Sophie, elle le considère comme totalement incompétent. Elle ne cessera d'ailleurs de le mettre en échec par ces troubles incohérents auxquels, effectivement, il ne comprend rien. C'est donc, sur ses exigences, qu'un autre médecin, le Dr Skoda, spécialiste pulmonaire, la suivra désormais. C'est lui qui prescrira à Sissi un grand nombre de cures thermales et de séjours au soleil. Sur la fin de sa vie, elle rencontrera un spécialiste des troubles musculaires, le Dr Metzger, d'Amsterdam. Il sera très pessimiste : Sissi risque une infirmité précoce si elle continue ses exercices physiques éreintants. Il l'enverra au bord de la mer du Nord. Elle prendra également soin de son corps par le biais d'un masseur suédois et d'une robuste *frictionneuse*. En fait, la médecine restera toujours impuissante face aux malaises d'Élisabeth. Ses multiples médecins n'observeront toujours que ses symptômes physiologiques, n'évoquant jamais la probabilité d'une fragilité psychique. Aucune considération ne sera faite de la détresse de Sissi. Ni son entourage ni ses médecins ne la considéreront comme malade, encore moins psychologiquement perturbée. Pour tous, elle est hypersensible, capricieuse et nerveuse. Les maladies nerveuses sont encore mal connues, à cette époque. Les échos des découvertes de Lasègue et de Gull ne sont manifestement pas encore parvenus jusqu'à la cour d'Autriche et, en cet automne 1860, le futur grand explorateur de l'inconscient, Sigmund Freud, né dans la province autrichienne de Moravie, n'a que quatre ans… La maladie de son corps est guérissable, mais qui pourrait guérir son âme ? Si les médecins restent en retrait par rapport à un diagnostic psychologique, Vienne juge que la spiritualité de l'impératrice n'est qu'un romantisme dévoyé, que sa sensibilité n'est que de l'hystérie et que son raffinement n'est qu'une succession de bizarreries. Les Viennois commencent à murmurer que le mal dont souffre l'impératrice serait essentiellement lié à son caractère. Pourtant, la foule aime Sissi, et particulièrement en Hongrie. C'est là que s'est opérée la principale prise de pouvoir d'Élisabeth. En effet, son plus grand pouvoir sera celui de la séduction. Sissi charme sans effort, juste par ce qu'elle est et par cette grâce naturelle qui se dégage d'elle lors de chaque apparition publique. Cette force tranquille, mais puissante sera d'ailleurs parfois utilisée par François-Joseph comme outil de propagande. Il n'est pas très aimé de son peuple, alors que son épouse est adorée. Mais elle sera aussi l'outil de révolte du peuple à l'égard de la politique de François-Joseph et de l'archiduchesse Sophie. Elle n'hésitera pas à aider son mari pour la reconquête de la confiance populaire, lorsque celui-ci perdra des batailles décisives pour l'empire, et il en perdra beaucoup tout au long de son règne. Durant toute leur vie commune et malgré ses propres épreuves, Élisabeth épaulera François-Joseph. Elle exercera dans l'ombre, son propre pouvoir, mais s'en servira toujours plus comme un remède à son mal-être, que comme une arme contre ses ennemis.

Le journal de la comtesse Festetics, confidente de Sissi, nous renseigne sur la lutte intime que Sissi livre contre elle-même ; *sans cesse, la peur d'être critiquée provoque une fuite. Sans cesse la volonté de s'imposer dans des domaines précis – et de plaire – l'incite à des gestes ou à des réflexions qui peuvent être d'un infantilisme désarmant*[15].

François-Joseph restera toujours pour Sissi un mari inaccessible, dont elle ne pourra pas jouir à son gré. Un de ses buts inconscients fut certainement de conquérir François-Joseph, de le capturer pour elle-même. Comme son père le fut, son mari sera souvent absent. Comme avec son père, les rares moments d'intimité furent des moments d'évasion, de bonheur intense. Mais tout comme Max, François-Joseph aura du mal à s'imposer en tant qu'homme. Dépouillé de son autonomie par une mère abusive, avec qui il aurait entretenu longtemps, des relations incestueuses, tout au moins sur le plan fantasmatique, il aura beaucoup de mal à résister aux orages intérieurs de son épouse. Il préférera souvent ne pas affronter Élisabeth. Il n'aura certainement pas contribué à ce que Sissi acquière une image plus sûre de la gent masculine. Il n'hésite pas, même après de longues années de mariage, à s'infantiliser aux yeux de Sissi : lorsqu'il lui écrit, il signe parfois ses lettres *ton petit homme, ton petit, ton pauvre petit*.

Nous ajouterons que l'aspect sexuel de la vie d'Élisabeth sembla toujours rester problématique. Elle ne s'intéressait manifestement pas aux plaisirs de la chair et pouvait rester de longs mois, loin de son mari, sans pour autant souffrir de ce désert d'intimité. Ce serait donc plus par devoir qu'elle se serait prêtée au jeu de la sensualité. Au milieu de sa vie, elle aurait même suggéré à François-Joseph de ne pas se fermer aux charmes de certaines femmes de la cour. Celui-ci, très fidèle et toujours amoureux de Sissi comprit sans pour autant prêter trop attention à cette invite.

Sissi investira beaucoup dans sa relation à Rodolphe, son unique fils. Ils avaient de longs échanges et leurs conversations vibraient de la même sensibilité. Le malaise de Sissi

---

[15] *In* Sissi ou la fatalité, p. 280.

avait atteint son fils, lui-même en proie à une grande fragilité psychologique.

La mort, que Sissi défia tout au long de sa vie, croisa son chemin, lors d'un voyage à Genève en septembre 1898 : elle est assassinée, sur un quai, par un anarchiste italien qui lui enfonce un stylet dans le cœur. Quelque temps auparavant, elle avait écrit : *je sais que je marche vers un but effrayant qui m'est assigné par le destin... Je m'en irai comme la fumée s'envole, mon âme s'enfuira par une toute petite ouverture du cœur.*

La quête d'Élisabeth d'Autriche ne fut-elle pas, aussi, celle d'une image masculine forte et puissante ? Qu'aurait été sa vie si Maximilien avait su poser un cadre, avait pu inculquer une loi, s'il avait, ne serait-ce qu'un peu, privé sa fille d'une infinie liberté où elle se perdra plus tard ? Sans nier le rôle qu'ont pu jouer les femmes, dans le devenir de Sissi, il est certainement une image non intégrée qui détermina plus que tout le destin de l'impératrice : celle d'un père et de ses attributs.

Si les saintes, influencées par un contexte culturel particulier, se sont tournées vers Dieu pour combler ce manque, Sissi, elle, se lança dans une quête d'absolutisme et de perfection. Elle aussi tenta de faire disparaître son corps, peut-être en souvenir du climat *incestuel* dans lequel elle évoluait en compagnie de son père ; peut-être en raison du caractère fortement transférentiel de sa relation à François-Joseph. Élisabeth n'atteint jamais son idéal durant son existence terrestre ; l'espérait-elle encore lorsqu'elle priait pour que survienne, tel un soulagement, le néant de la mort ?

CHAPITRE III

DE LA PSYCHANALYSE À NOS JOURS

Le traitement de l'anorexie mentale pratiqué à la Salpêtrière à partir de la fin du XIXe siècle se résume à une rééducation de la fonction alimentaire. Pierre Janet, qui consacrera une de ses conférences à l'anorexie, dira à propos de cette prise en charge thérapeutique : il *est nécessaire d'imposer aux malades, le plus tôt possible, une alimentation normale qui ne tardera pas à réveiller la sensation des besoins normaux*[16]. Il décrit l'installation de la maladie en trois stades distincts, se succédant sur une période minimum de dix-huit mois. Le premier de ces stades est défini *stade gastrique*, le suivant est le *stade de l'état moral* et le dernier le *stade d'inanition*[17]. Janet conclura que la maladie est la conséquence d'un grave trouble psychologique dont le refus de se nourrir n'est que le symptôme, il ne précisera jamais la nature de ce trouble grave. Il s'attardera beaucoup sur l'hyperactivité et décèlera dans cette pratique, déjà répandue, un apport de sensations particulières chez

---

[16] JANET, Pierre, Les médications psychologiques, Études historiques, psychologiques et cliniques sur les méthodes de la thérapie, Paris, Félix Alcan, 1919, p. 7.
[17] *In* l'anorexie sainte, jeûne et mysticisme du Moyen-Âge à nos jours, p. 16 - 17

l'intéressée : il parle d'*un accroissement du niveau d'activité physique et morale, une sensation étrange de bonheur, une euphorie*. Janet suggère ici un sentiment similaire à celui que l'on retrouve chez les saintes en extase. Il est le premier à décrire un traitement par l'hypnose d'un cas d'anorexie mentale. Notons que Janet intègre, lui aussi, l'anorexie mentale à l'hystérie.

Jusqu'en 1914, médecins et psychiatres accumuleront des travaux d'ordre nosologiques, mais il n'en ressortira pas de notions pratiques très novatrices. Déjerine, au côté de Charcot, insistera encore sur les vertus de l'isolement dans le cadre de ce qu'il appelle *les psychothérapies humaines et compréhensives*[18]. C'est en cette année 1914 que Simmonds publie les conclusions d'une autopsie où furent constatées des lésions de la glande pituitaire chez une femme qui avait considérablement maigri. Simmonds décrira donc la *cachexie hypophysaire*. Dès lors, l'anorexie mentale sera confondue à celle-ci. Pendant les vingt années qui suivirent, les facteurs psychologiques remarqués par Lasègue, Gull et d'autres seront complètement ignorés et l'anorexie mentale sera considérée comme un trouble endocrinien.

Cette orientation freinera considérablement les recherches et pendant vingt-trois ans, la psychiatrie en restera à cette conception de l'origine du trouble. C'est en 1938 que renaîtra la notion d'anorexie mentale telle qu'elle fut abandonnée en 1914. Elle pénétrera vite aux États-Unis pour y conserver sa physionomie première.

À la fin des années trente, une distinction fut finalement établie entre la maladie de Simmonds et l'anorexie mentale. Cependant, c'est l'approche physiologique qui continuera à prévaloir dans les écrits thérapeutiques de l'époque. Progressivement, le point de vue organique, selon lequel une lésion de l'hypothalamus serait à l'origine de la maladie, sera remis en question : on ne peut nier qu'il y ait une

---

[18] In l'anorexie mentale au temps de Lasègue et de Gull, p. 355 - 358

atteinte organique dans les cas d'anorexie grave, mais cette lésion est vue alors, comme la conséquence du stress et de la malnutrition et non plus comme la cause de la maladie. La possibilité qu'il existât chez les patientes, une déficience hypothalamique primaire d'origine inconnue fut également invoquée, mais personne ne put justifier, dans cette hypothèse, la mutation de la maladie en fonction de la culture et ses variations au cours des siècles.

Entre 1937 et 1960, la psychiatrie française consent de nouveau à inclure, dans ses recherches sur la maladie, un facteur psychologique. Mais les réflexions combineront toujours les aspects affectifs et les aspects neurobiologiques dans l'origine du trouble. Ainsi Decourt donnera à l'anorexie le qualificatif de *cachexie psycho-endocrinienne de la maturation* ; pour Delay, il s'agit d'une *endocrino-névrose juvénile* et pour Heni de *maigreur primaire psychogène*[19].

Entre 1945 et 1985, les traitements des anorexiques deviennent aussi médicamenteux. Les médecins prescrivent fréquemment des sels de Lithium et commencent à intégrer les antidépresseurs, en raison de la gravité du symptôme dépressif. Pour certains auteurs, l'introduction des neuroleptiques dans le traitement chimiothérapique est tout à fait justifiée.

En 1970, les psychochirurgiens prennent part au combat contre l'anorexie mentale. Laboucarrié et Barrès déclareront que la sismothérapie (électrochocs) est *la méthode la plus active, la plus sûre, la plus capable de réduire l'angoisse de manger, du fait de son action centrale, précisément sur la régulation thymique et la conscience morbide des anorexiques.* Aux États-Unis, la psychochirurgie a longtemps été une des possibilités thérapeutiques. Un travail terminé en

---

[19] *In* Les indomptables, Figures de l'anorexie, p.42

1973 par Crisp et Kalucy[20] fait mention de la lobotomie frontale comme *ultime recours et espo*ir.

Il faut rappeler que ces décennies furent celles d'une l'influence considérable de la médecine psychosomatique. Cependant, de moins en moins de psychiatres penseront que l'origine de l'anorexie est biologique ; par contre les effets de la maladie sur l'organisme commenceront, à la fin des années soixante-dix, à être mieux connus. Depuis les années quatre-vingt, les traitements ne sont guère différents de ce qu'ils étaient auparavant, certains ont cependant été perfectionnés. La psychiatrie préconise toujours la chimiothérapie, le conditionnement dont Pierre Janet parlait déjà au début du siècle, et bien sûr, l'hospitalisation avec isolement qui, depuis Charcot, semble rester une particularité immuable de la prise en charge thérapeutique de l'anorexie mentale.

La plus grande révolution qu'ait connue cette prise en charge consiste dans la combinaison des soins énumérés ci-dessus et des psychothérapies. Plusieurs courants, d'inspirations diverses : thérapie comportementale, systémique, analytique ou de groupe, sont utilisés afin d'endiguer la maladie.

Sur le plan de la recherche théorique, c'est par la psychanalyse que les voies d'évolution se sont ouvertes. Désormais, la psychiatrie ne pourrait se passer de l'outil psychanalytique pour donner aux patientes d'aujourd'hui, le meilleur de ses avancées.

L'observation d'un cas d'anorexie par Freud remonte aux balbutiements de la psychanalyse. C'est dans *Les études sur l'hystérie,* publié en 1895 avec J. Breuer que Freud nous

---

[20] SARANTOGLOU, VENISSE, BESANÇON, L'anorexie mentale aujourd'hui, Thérapeutiques médicamenteuses et biologiques de l'anorexie mentale, Paris, La pensée sauvage, 1985, p.105

livre *Un cas de guérison par l'hypnose*[21], celui d'Emmy Von N. Il s'agit d'une femme de quarante ans qui refuse de s'alimenter régulièrement, dissimule les aliments, se met en colère lorsqu'elle est contrainte de manger plus que sa volonté le lui autorise. La patiente de Freud souffre également de troubles thymiques importants, d'une aboulie invalidante, d'un bégaiement et de comportements phobiques. Notons que les troubles ont commencé à la mort de son mari, quatorze ans plus tôt. Emmy a deux filles, une de seize ans, une autre de quatorze ans dont elle était enceinte lors du décès de son conjoint.

Le traitement indiqué par Freud à sa patiente combinera la séparation d'avec le milieu familial, des bains chauds, des massages et bien sûr, la suggestion hypnotique. Freud n'est pas encore en mesure de fournir une interprétation psychanalytique et voit dans l'anorexie de sa patiente un symptôme de conversion hystérique.

Ultérieurement, Freud évoquera, dans ses ouvrages, quelques cas d'anorexie qu'il expliquera toujours en termes d'hystérie par le biais du mécanisme de conversion. Ces anorexies hystériques résulteraient d'un dégoût dû à un refoulement de la sphère orale qui viendrait en place d'une sensation génitale refoulée. Freud insistera, par ailleurs, sur la sexualisation des troubles alimentaires et suppose l'existence d'un traumatisme important survenu plus ou moins précocement dans la vie de ces malades.

Il nous paraît difficile d'ignorer, aujourd'hui encore, dans le propos des malades, la coexistence quasi constante du dégoût de la nourriture et du dégoût pour la sexualité. Certains chercheurs reviennent d'ailleurs sur cette conception originelle.

Ainsi Coriat déclarait en 1989 :

---

[21] FREUD, Sigmund, BREUER, Joseph, Études sur l'hystérie, Un cas de guérison par l'hypnose, Paris, PUF, 2000, 254 pages.

> *En fait, sur un plan purement théorique, cette conception de l'anorexie aurait pu être tout à fait satisfaisante, puisque du point de vue de l'interprétation symbolique, le traumatisme sexuel permettait d'envisager la signification de tous les symptômes : les vomissements, l'aménorrhée, la constipation, la perte d'appétit et l'amaigrissement pouvaient tous se rapporter au fantasme de la fécondation orale[22].*

Rappelons-nous, ici, les vomissements matinaux et les pertes de connaissance de Thérèse d'Avila...
En 1895, Freud ajoutera, en référence au cas Emmy Von N., que la névrose alimentaire correspondant à la mélancolie est l'anorexie. *La fameuse anorexie nerveuse des jeunes filles me paraît être une mélancolie en présence d'une sexualité qui ne s'est pas développée*[23]. Nous ne pouvons pas non plus, en effet, ignorer le noyau mélancolique de certaines anorexies. La notion de deuil impossible nous est apparue présente chez nombre de malades. Nous pouvons peut-être ici, mettre en lien cette difficulté face au deuil et le déclenchement des symptômes anorexiques consécutivement à la mort d'un proche. À l'appui de cette supposition, nous pouvons également considérer un autre cas d'anorexie dont Freud fut le témoin. Il s'agit du cas d'Anna O. Nous relèverons seulement de ce cas, que le dégoût pour la nourriture se révéla, chez cette jeune fille de vingt et un ans, alors qu'elle prenait soin de son père adoré, atteint d'une maladie dont il ne put guérir.
Même si Freud ne s'est jamais réellement penché sur l'anorexie et bien que sa théorie n'en soit qu'à ses balbutiements, nous remarquons son étonnante lucidité

---

[22] CORIAT, A. L'anorexie, Séminaires psychanalytiques de Paris, 1989.
[23] BELLIDO, Fatima, Le scénario de l'anorexie, Perspectives psy, janvier - février 2002.

quant à sa conception théorique de la maladie. Nous pouvons également pressentir les apports indirects, mais néanmoins puissants, qu'il fournira, par ses découvertes, à ceux qui travailleront sur la psychogenèse de l'anorexie mentale.

Jean David Nasio déclarait très récemment que, selon lui, l'anorexique est une *hystérique mélancolique* !

Breuer, toujours dans *Les études sur l'hystérie*, relate l'observation d'un petit garçon de douze ans présentant des signes d'anorexie. Il finit par apprendre qu'un homme avait montré son pénis à l'enfant et l'avait obligé à le mettre dans sa bouche. Breuer constate que pour créer l'anorexie, il a fallu plusieurs facteurs : *une prédisposition nerveuse, une frayeur, l'irruption du sexuel sous sa forme la plus brutale dans l'âme enfantine et, facteur déterminant, la représentation dégoûtante*[24]. Nous voyons là, combien le point de vue de Breuer s'apparente à celui de Freud sur la question d'une explication possible de l'anorexie.

Les travaux ultérieurs de Freud et de ses successeurs directs ont nettement dégagé le lien entre la restriction alimentaire et les pulsions sexuelles. En rejetant la nourriture, la patiente anorexique refusait le fantasme de fécondation orale.

À partir de 1930, la psychogenèse devient la principale direction de travail, avec, à cette époque plusieurs tendances. Une première tendance s'occupera, à la suite de Freud, du symptôme majeur à savoir la composante orale ainsi que des manifestations symboliques qu'elle implique (fantasme de grossesse, etc.) ; une deuxième tendance s'intéressera ensuite à la personnalité de l'anorexique, mettant l'accent sur les troubles du fonctionnement du Moi ; une troisième tendance y voit surtout l'expression de la perversion en raison des conduites masochistes.

---

[24] In Les indomptables, Figures de l'anorexie, p. 38 - 39

L'apport de Karl Abraham est également indirect. Dans ses travaux sur les phases prégénitales du développement, il tente de rendre compte des troubles alimentaires en étudiant particulièrement le rôle du sadisme, de l'ambivalence, de l'oralité et de la culpabilité spécifique au désir d'incorporation du pénis paternel. Il pointe l'équivalence manger/être enceinte et le plaisir de la maîtrise anale dans l'anorexie. Tous ces éléments restent cependant pour Abraham de nature hystérique, mais dans *son Étude sur le développement de la libido* (1925), il rapproche, lui aussi, l'anorexie de la mélancolie.

Mélanie Klein proposera un nouvel angle de compréhension de la dynamique orale. Pour elle, tout est interprété en termes de défense contre l'angoisse, soit sur le mode schizo paranoïde, soit sur le mode dépressif. Mélanie Klein définit ainsi les raisons de l'affaiblissement du désir oral : devant *les objets sadiquement détruits qui pourraient eux-mêmes être source de danger et d'empoisonnement à l'intérieur du sujet, l'angoisse paranoïde pousse celui-ci (...), à se méfier profondément des objets au moment même où il les incorpore*[25]. La pensée de Mélanie Klein se retrouvera notamment chez Selvini, dont nous parlerons plus loin, qui fait de l'anorexie mentale une sorte de *paranoïa intrapsychique*.

Même si Mélanie Klein axera ses recherches sur les relations mère/enfant du tout début de la vie, elle s'exprimera sur l'importance qu'elle donne au rôle de séparateur, attribué au père, notamment afin d'étayer sa notion d'Œdipe précoce. Dès ses premiers travaux, en 1921, elle décrira l'image d'une mère archaïque qui inclut l'image du père dans sa version la plus primitive. Cette situation d'une mère, dont le père serait une sorte de prolongation, est l'objet de sentiments de persécution et d'hostilité très forts chez

---

[25] In Les indomptables, Figures de l'anorexie, p. 41

l'enfant. Par ailleurs, l'enfant aura des difficultés à discriminer *ce qui est de son père* et *ce qui est de sa mère*, en quelque sorte, ce qui est masculin et ce qui est féminin, dans l'image qu'il a de son corps. Elle imagine trois stades qui se succèdent : la mère phallique, les parents combinés puis les parents différenciés. Nous nous sommes demandé, à quel moment apparaît de façon différenciée, la représentation du père et de sa fonction. Salomon Resnik[26] nous apporte une réponse : il suppose que lorsque l'enfant se sépare de sa mère, lors de la naissance, apparaît un espace et à la fois un lien (le cordon ombilical). Il en émergerait une triade : la mère, l'enfant et l'espace qui sépare et qui lie en même temps, interstice dans lequel prendrait place le père virtuel. Cette fonction primordiale du père se concrétiserait dans le sevrage. C'est ainsi que cet auteur comprend la notion d'Œdipe précoce avancée par Mélanie Klein.

Anna Freud, pour sa part, dans *Les mécanismes de défense du Moi* (1936), considérera l'anorexie mentale de la jeune fille comme un mode de défense propre à l'adolescence. Ce qu'elle appellera *la défense par ascétisme* servirait au rejet des pulsions ressenties comme menaçantes. D'après Anna Freud, ce rejet viserait tout d'abord les tendances pré pubertaires incestueuses et s'étendrait ensuite à toute satisfaction pulsionnelle.

Jacques Lacan, pas plus que Freud, ne s'est réellement penché sur la question de l'anorexie mentale, mais ses apports théoriques n'en seront pas moins primordiaux. C'est la mise en place des trois ordres du Réel, du Symbolique et de l'Imaginaire qui permit à Lacan de donner une perspective nouvelle à la fonction paternelle. Grâce à ces nouveaux concepts, il devint également possible d'entrevoir

---

[26] RESNIK, Salomon, La fonction du père et de la mère archaïques : implications cliniques, Topique n° 72, 2000, p. 23.

une des raisons des échecs de la cure psychanalytique, dans de nombreux cas d'anorexie mentale. En effet, une mauvaise symbolisation de la fonction paternelle entraînerait une défaillance partielle des possibilités d'association dans la pathologie anorexique. Aujourd'hui encore, lorsque la cure donne des résultats positifs, c'est qu'il y a eu rétablissement de la fonction de liaison, de symbolisation. En cela, se situe, d'ailleurs souvent, la première phase du travail de la cure.
Nous insistons sur le fait que le défaut de métaphore paternelle est à considérer ici, non pas, dans le sens d'une forclusion primaire et totale telle que dans la psychose, mais comme une forclusion partielle de la métaphore paternelle. Ainsi nous supposons que l'anorexie mentale ne serait pas tant le témoin d'une relation fusionnelle à la mère qui aurait anormalement perduré, mais que la stagnation ou la régression (lors de l'adolescence), à l'unité mère/enfant, serait une réponse à la défaillance du tiers séparateur. Thérèse Tremblais-Dupré nous dit, dans un article de 1983 :

> *Il* (le père) *apparaît toujours comme n'assumant pas le repère de rupture symbolique avec la mère pré génitale. Nié par la fille en tant que fonction paternante, il ne s'inscrit pas pour autant dans le registre de la forclusion. Son imago apparaît plutôt comme distordue sous l'effet de l'échec d'une tentative de refoulement comme géniteur et autosexué*[27].

Lacan quant à lui, s'exprimera ainsi sur l'anorexie : *l'anorexie ce n'est pas ne pas manger c'est manger rien*[28]. Ce *rien* serait, selon lui, quelque chose qui existe au niveau

---

[27] TREMBLAIS-DUPRE, Thérèse, L'inceste alimentaire, Le Coq Héron, n° 86, 1983, p. 5.
[28] In Perspectives psy, janvier – février 2002, p. 17

symbolique ; nous nous sommes donc demandé si *ce quelque chose* réduit à *rien* dans l'anorexie mentale ne serait pas la représentation de la fonction paternelle restée vacante, vidée de son sens.
Enfin, rappelons que si l'hystérie définie par Freud ne semble plus exister aujourd'hui, le courant lacanien n'en voit pas moins, dans l'anorexie, une de ses représentations modernes.

C'est en raison des échecs de la psychanalyse relatifs à de nombreux cas d'anorexie que l'idée freudienne selon laquelle le comportement anorexique serait en lien avec un traumatisme de la sexualité, fut, peut-être trop radicalement, abandonnée. Dans les années cinquante, l'intérêt des psychanalystes se déplace vers le rôle de la mère et des premières interactions mère/enfant. Jessner et Abse étudient le rôle des éléments pré œdipiens ; pour ces auteurs, le non-dépassement de l'ambivalence pré génitale (lié à une non-séparation d'avec la mère), imprimerait sa trace dans toutes les futures relations du sujet, qui ne pourrait accéder à l'Œdipe. Evelyne Kestemberg s'intéressera beaucoup à la pathologie anorexique ; elle s'attachera, pour sa part, longuement à décrire les modalités de la régression et de l'organisation pulsionnelle à l'œuvre dans la pathologie. Selon elle, cette régression vertigineuse est particulière, car elle ne rencontre aucun point de fixation au niveau des zones érogènes. Elle soulignera aussi le recours à un masochisme érogène primaire, où le plaisir serait lié au refus de satisfaction du besoin.
Mara Selvini-Palazzoli, contribuera largement à l'approche systémique de l'anorexie mentale, technique thérapeutique pratiquée de longue date aux États-Unis ; elle en sera l'instigatrice en Italie. Selvini a su mettre en évidence le rôle du couple parental et la force des liens œdipiens rattachant chacun des deux parents à sa propre famille.

Hilde Bruch (1904-1984), d'origine allemande, exercera longtemps comme professeur de psychiatrie au Texas. Elle fut une pionnière de l'approche *moderne* de l'anorexie mentale. Elle voit la pathologie comme la conséquence des premiers apprentissages du sujet uniquement basés sur les besoins de la mère. Celle-ci programmerait son enfant selon ses propres demandes névrotiques, ce qui entraînerait une malformation, une méconnaissance des limites de soi, de l'image du corps et de son identité. Pour Bruch, ce serait donc une conscience défectueuse de soi qui serait en cause. De nombreux chercheurs se rallieront au point de vue d'Hilde Bruch, ainsi pour Levenkron, Sours, Minouchin ou Orbach, la jeune fille a toujours vécu pour les autres, s'est jugée selon leurs normes et les a laissés définir son identité. L'essence même du choix de l'anorexie répondrait à un besoin sous-jacent de se forger une identité propre.

Sans remettre en question les avancées de ces éminents spécialistes du trouble, nous nous sommes tout de même posé deux questions, auxquelles la lecture de certains de leurs ouvrages, ne nous a pas fourni de réponses. Nous nous sommes tout d'abord tournés vers le nombre relativement minime d'anorexiques par rapport aux nombres de mères qui, au-delà de leur conscience, imposent à leurs enfants, leurs propres désirs, tout au moins dans les premiers mois de la vie. Clairement, nous pensons que toutes les mères névrosées ne *font* pas forcément des anorexiques : de multiples paramètres ne doivent-ils pas être considérés, lorsque l'on traite de la genèse d'une maladie aussi paradoxale que l'anorexie mentale ? Notre deuxième questionnement, par rapport à la théorie de Bruch, repose sur la prévalence féminine de la maladie.

En parallèle de ces recherches ayant pris, comme nous venons de le voir, de multiples directions, Françoise Dolto viendra, fort heureusement, rendre hommage à Freud et à

Lacan. Elle réintroduira, dans sa conception de l'anorexie, d'une part, une connotation sexuelle à la mésaventure de la petite fille et d'autre part, elle tiendra compte de l'importance structurante de la fonction paternelle. Elle y ajoutera de multiples apports, notamment celui de la fierté d'une appartenance sexuelle qui, pour la fille, pourrait advenir dans le regard du père. Elle nous dit : *c'est autour d'un homme, représentant phallique valeureux, que s'organise chez la fille toute la sexuation*[29]. Elle relève encore l'importance de l'existence du père dans le discours de la mère. Elle confirme le père dans son rôle de séparateur : il est celui par qui l'enfant deviendra un être social, sexué et respectueux de la Loi. C'est pourquoi, pour Dolto, le dire ou le non-dire concernant le père est traumatisant dans le sens d'une absence d'éléments structurels de la vie inconsciente. Elle déclarera également que le problème de l'anorexique est enraciné dans un conflit d'amour et de désir pour le père et dans un conflit de féminité rivale avec la mère. La mère, dans cette lutte, continuerait à se soucier de sa fille comme d'un nourrisson, mais non comme d'une jeune fille, encore moins comme d'une femme en devenir.

C'est dans ce manque d'essence paternelle - ou de ce qui est perçu comme tel par la petite fille -, ce manque dont parlent Lacan et Dolto, entre autres, que prend sens ce que nous appelons dans ce travail *la symbolique du père*.

De nos jours, la psychiatrie dispose toujours de moyens identiques pour tenter d'enrayer la maladie. Les hospitalisations avec isolement total du milieu familial sont identiquement appliquées, si ce n'est qu'elles y intègrent presque toujours le contrat de poids. Véritable contrat négocié et accepté par les différentes parties, réglementant

---

[29] DOLTO, Françoise, L'image inconsciente du corps, Paris, Les éditions du Seuil, 1984, p.347.

les temps forts de l'hospitalisation (autorisation de contact avec l'extérieur, permission de sortie, retour au domicile) ; la sonde gastrique, permettant une réalimentation rapide, est parfois préconisée, même après la sortie de l'établissement de soins ; la chimiothérapie est associée au traitement dès que le versant dépressif s'avère prédominant ; les thérapies de groupe de malades et les thérapies familiales sont quelquefois proposées dans ces mêmes institutions. Pour ce qui est de la prise en charge psychologique de l'anorexique, aujourd'hui, seule la psychanalyse, aménagée pour l'occasion en psychothérapie analytique peut oser prétendre accompagner le sujet sur la voie, parfois difficile, d'une reconstruction.

Pour conclure, nous citerons les propos que Freud tenait, il y a un siècle sur la cure psychanalytique des anorexiques : *on peut d'ailleurs affirmer que, dans le cas où la psychothérapie analytique n'apporte qu'un faible secours, toute autre méthode aurait à coup sûr échoué totalement*[30].

---

[30] FREYMANN, Jean-Richard, L'a-structure anorexique, pour une clinique psychanalytique de l'anorexie mentale, Apertura, Vol.2, 1988, p.64 – 65.

DEUXIÈME PARTIE

OBSERVATIONS CLINIQUES

PRÉSENTATION

Dans cette deuxième partie, nous traiterons des cas d'Élise, de Cécile et de Solène. Nos observations porteront sur des extraits de leurs histoires respectives. Nous ne prétendons pas exposer, pour chacune, l'intégralité du matériel qui nous fut apporté depuis le début de nos rencontres. Nous avons tenu à ne fournir, pour ce travail, que ce qui semblait utile à notre sujet. Par souci de discrétion encore, nous avons modifié certains détails contextuels qui pourraient permettre l'identification des personnes dont il est question. Par contre, l'essence même de l'histoire de chacune, les réminiscences du passé, la véracité du symptôme et l'expression de la souffrance sont restées authentiques, au plus proches de leur vérité.
Afin d'éviter le piège de la généralisation, nous avons volontairement choisi des histoires dans lesquelles les constellations familiales, les préhistoires personnelles et les manifestations de la maladie diffèrent très nettement. Le trouble anorexique ne peut, en effet, se réduire à un profil simple et clair ; il ne peut pas, non plus, être expliqué par un contexte ou une enfance stéréotypée, même si certains éléments du passé semblent récurrents dans les anamnèses. Si tel était le cas, la recherche sur l'étiologie du trouble connaîtrait à coup sûr, une progression différente, et nous réussirions d'autant mieux dans l'accompagnement des malades.
Les trois chapitres mettront en relief des relations aux pères où les significations inconscientes se rejoignent en certains

points, mais où la réalité prend un aspect particulier dans chaque cas.

Ainsi, dans le chapitre I, Élise est aux prises avec un père occasionnellement présent dont l'image est largement altérée. Nous verrons, dans ce cas, à quel point la mère se trouve, par sa parole, au carrefour de la reconnaissance du père. Nous tenons également à préciser, concernant le cas d'Élise qu'il nous fut donné de rencontrer sa famille. C'est en effet, dans un contexte associatif que nous avons connu Élise. Sa participation au groupe de parole s'adressant aux malades et celle de ses parents à un autre groupe nous permirent d'obtenir plusieurs sources d'information sur l'anamnèse d'Élise. Nous préciserons donc toujours ce qui ressort du matériel fourni par Élise elle-même et celui qui nous fut apporté par autrui.

Le chapitre II nous fera découvrir une partie de l'histoire de Cécile qui n'est déjà plus une toute jeune fille puisque son anorexie, qui a débuté à l'adolescence, résiste à tout traitement depuis quatorze ans. Le père, dans ce cas, est totalement absent. Il est cependant connu de sa fille, mais ici encore, très peu reconnu par la mère de Cécile. Nous verrons à travers ce cas d'anorexie grave combien Cécile cherche un père. Nous ne pourrons aussi que constater l'errance extrême d'une petite fille, qui, sans les remparts de la loi du père, n'a trouvé qu'un seul refuge face à une sexualité naissante : la confusion avec la mère.

Dans le chapitre III, nous considérerons un aspect atypique du père, à savoir que Solène, très jeune, niera celui-ci et tentera une échappée vers un grand frère idéalisé. La présence d'un grand frère adoré est d'ailleurs assez fréquente dans les récits d'anorexiques. Ce cas est encore particulier, puisque, ici, le père ne répond pas au portrait souvent dépeint dans les anamnèses d'anorexiques, de l'homme bon, maternant, infantilisé, mais au contraire, à celui du père violent, qui tente, par la force, d'imposer sa loi.

Une triade inaccoutumée s'installera dans l'histoire de Solène : elle, son père et le frère. Le père de Solène sera néanmoins présent au quotidien.

Rappelons enfin qu'il existe de multiples façons d'aborder la question de la genèse de l'anorexie mentale ; nous avons, volontairement opté pour une approche basée sur les relations structurantes parents/enfants et sur le développement libidinal du sujet. Notre regard n'est donc en rien exhaustif et n'exclut pas le bien-fondé d'approches parallèles.

Après chaque présentation de cas, nous analyserons, dans la limite des informations disponibles, les implications d'une image ou d'une fonction paternelle plus ou moins défaillante ; mais nous considérerons aussi certaines conséquences de ce vide à travers des notions telles que la situation de dépendance à la mère, les difficultés face à la sexualité, l'acceptation parfois difficile d'une féminité.

Enfin, nous voulions préciser que nos rencontres avec Élise, Cécile et Solène sont relatively récentes et, qu'en conséquence, le matériel qui nous fut fourni ne peut se comprendre comme une anamnèse complète.

CHAPITRE I

ÉLISE
OU LE PÈRE ALTÉRÉ

Élise a tous justes douze ans lorsque l'anorexie fait irruption dans sa vie. Elle vient d'entrer au collège. Ce changement de contexte scolaire est, de l'avis de ses proches, l'unique raison de son trouble. À ce bouleversement, s'est ajouté un déménagement. L'anorexie d'Élise se caractérise par un contrôle draconien des aliments qu'elle absorbe : pesée des ingrédients, élimination des graisses, des sucres. À propos de sa motivation, Élise dira *J'avais quelques kilos à perdre, au début, c'est pour cela que j'ai fait attention*. Bien qu'elle n'ait aucune surcharge pondérale réelle, elle ne sera pas découragée dans son projet, ni par sa mère qui souffre de quelques rondeurs, ni par sa grand-mère qui présente un surpoids évident. En six mois, Élise perd dix kilos et atteint le poids de trente-six kilos pour un mètre cinquante. Elle ne présente pas d'hyperactivité, pas de crises de boulimie, pas de vomissements volontaires. Par contre, elle se coupe progressivement de son entourage : elle rompt avec ses amies, se brouille avec ses camarades de classe dont elle dit : e*lles ne me comprennent plus, elles ne pensent qu'à s'amuser comme des gamines, pour elles, je suis trop sérieuse*, enfin elle refuse les visites de la famille. Élise est très déprimée. Elle passe des journées entières enfermée dans sa chambre. Élise devient très susceptible : toute remarque à son égard est considérée comme une critique qu'elle ne peut supporter. Concernant les sollicitations de sa mère, elle déclare : *je veux qu'elle me laisse tranquille, elle ne peut rien pour moi, il n'y a aucune solution à mon problème*. Malgré des résultats excellents, Élise ne peut plus se rendre à l'école : chaque matin, son angoisse est telle qu'elle souffre de douleurs abdominales intenses, provoquant parfois de violents vomissements. Élise refuse toute prise en charge, toute consultation médicale. Elle développe également des accès de violence : elle frappe sa mère lorsque celle-ci tente de lui imposer quelque chose. Des comportements de type obsessionnel sont aussi observés : Élise passe de longues heures à ranger sa chambre qui est déjà impeccable, elle refuse que quiconque pénètre dans l'appartement tant que le ménage n'est pas fait de fond en comble, elle ira même jusqu'à refuser d'aller aux toilettes tant que des ouvriers travaillent dans les parties communes de l'immeuble *de crainte qu'ils ne l'entendent uriner*. Un certain jour, elle sera terriblement angoissée, car une amie doit lui rendre visite alors que *la table du salon n'est pas encore livrée*, elle justifiera ainsi sa réaction excessive : *je ne supporte pas de recevoir Alice alors que l'appartement est dans cet état-là*. Elle annulera l'invitation faite à son amie.

C'est sous la contrainte qu'Élise sera amenée en consultation hospitalière. Une anorexie est diagnostiquée, un suivi ambulatoire est préconisé ainsi qu'une psychothérapie en C.M.P.P. Par ailleurs, sa mère intégrera un groupe de parole où elle pourra rencontrer des parents confrontés à des difficultés similaires.
Très rapidement, Élise demandera à être inscrite dans un autre collège. Elle expliquera finalement avoir été victime, dès le début de la sixième, d'un garçon de son âge qui

l'aurait invitée à *sortir avec lui*. Son refus aurait provoqué chez le garçon une réaction de *vengeance* ; elle dira, *il m'a traitée d'allumeuse devant tout le monde ; le lendemain, il est arrivé avec une bombe de peinture et il a écrit en énorme sur le mur du collège « Élise est une salope »*. Elle dit qu'elle n'a pas supporté et que c'est pour cela qu'elle ne retournera plus dans cet établissement. Elle continuera, tout de même, une année scolaire clairsemée d'absences plus ou moins longues, dans le même collège. Élise sera alors inscrite dans une école privée, pour le début de l'année suivante. Elle intégrera donc la nouvelle école début septembre, mais au bout de trois jours, elle informe sa mère qu'il ne lui est pas possible de continuer, que cet endroit est beaucoup trop strict, qu'elle se sent *en prison* et que les sœurs lui font trop remarquer qu'elle n'a pas suffisamment d'instruction religieuse. Ce qui, dit-elle, *la dévalorise aux yeux de ses nouveaux camarades*. Nouveau refus donc de se rendre à l'école. Nous sommes en tout début d'année scolaire, Élise, qui commence sa 5e de façon très chaotique, est donc dirigée vers un troisième collège. Pendant quatre mois, Élise va se contraindre, au prix de terribles efforts à se rendre en cours, chaque matin. Elle s'absentera souvent, souffrant de coliques matinales, de malaises avec perte de connaissance. Son contrôle sur la nourriture qui s'était un peu relâché pendant les grandes vacances redoublera de plus belle. Les quelques kilos péniblement repris ne tarderont pas à s'évaporer de nouveau. En milieu d'année scolaire, Élise est une nouvelle fois incapable de se rendre en cours. Elle terminera son année à son domicile, à l'aide d'un enseignement par correspondance, tout cela organisé par la mère, après l'accord du psychiatre référent de l'hôpital, de son thérapeute et du psychologue de l'Éducation nationale. Ainsi Élise retrouvera l'illusion d'une quiétude. Seule chez elle, chaque jour, débarrassée de toute contrainte, elle peut enfin passer son temps à ce qu'elle apprécie le plus :

travailler ses cours, car malgré tous ces bouleversements, Élise s'investit toujours dans son travail scolaire et continue à figurer parmi les plus brillantes élèves des classes où elle est passée. La nouvelle organisation du quotidien d'Élise ne facilite pas les rencontres. Elle ne fait aucune activité sportive et ne s'adonne à aucun loisir en dehors de la lecture. Elle ne souhaite pas renouer de contact avec ses anciennes amies qui *lui rappelle un passé horrible,* mais ne s'en fait pas de nouvelles. Élise est très solitaire. L'unique sortie de la semaine est occasionnée par sa consultation hebdomadaire chez son thérapeute, lorsqu'elle n'évite pas le rendez-vous à cause d'un malaise ayant débuté quelques heures avant son départ. Sa mère dit, à ce propos, avoir beaucoup de mal à définir ce qui est vrai et ce qui peut ressortir de la manipulation. C'est à cette époque, soit un an et demi après le début de la maladie, que sous la pression de sa mère, elle s'intègre, elle aussi à un groupe de parole. C'est dans ce contexte que nous rencontrerons Élise pour la première fois.

En compagnie des adultes, lorsqu'elle s'y trouve, Élise apparaît comme une jeune adolescente qui va très bien. Elle ne se plaint jamais, s'exprime facilement, sourit beaucoup et ne fait aucune allusion à ses différents soucis. Notons aussi que la période des vacances scolaires est, en général, vécue sans problèmes particuliers.

Depuis qu'elle n'est plus confrontée au système scolaire classique, Élise se veut séduisante, elle se maquille, se coiffe. Manifestement, plaire lui est agréable. Elle aime faire les boutiques, acheter des vêtements, mais uniquement avec sa mère. Son poids reste cependant un souci perpétuel : les pesées sont quotidiennes, et même si elle a finalement accepté, sous la pression familiale, de reprendre un peu de poids, elle exerce une maîtrise totale sur ces variations. Élise n'a jamais été réglée et dit : *je ne suis pas pressée que ça vienne, pour moi, c'est dégoûtant d'avoir ses règles.*

Notons que le poids d'Élise n'a jamais représenté un danger vital. Personne, à aucun moment de son parcours, ne lui proposa d'hospitalisation. Nous pouvons ajouter à ce tableau descriptif, une maladie de peau, un psoriasis, qui se manifeste uniquement sur le cuir chevelu. Ce trouble est hérité de sa mère qui en souffre, elle-même, depuis l'adolescence, mais d'une façon beaucoup plus invalidante. Remarquons que chez Élise, ce symptôme évolue en fonction des situations angoissantes ou vécues comme telles.

Considérons maintenant le contexte familial d'Élise. Elle est née d'une relation qui dura environ quatre ans. Sa mère fut, d'après ses dires, très amoureuse de son père. Anne apparaît comme une jeune femme stable, travailleuse ; elle exerce le métier de coiffeuse. Elle est celle par qui la famille peut vivre. À l'inverse, le père d'Élise aurait été, déjà à la naissance de celle-ci, un jeune homme très instable. Nous rapportons le portrait que la mère d'Élise dresse de son ancien compagnon : *il était souvent sans travail, aimait ne rien faire, seulement fumer des joints avec ses amis, il consomma même bien plus que des joints et buvait tous les jours, nous croulions sous les dettes*. La mère d'Élise dit avoir supporté le plus longtemps possible cette situation, mais devant le refus obstiné de son concubin de se stabiliser, elle décidera de mettre un terme à leur relation. Elle part, avec Élise qui a alors à peine deux ans, trouver refuge chez ses parents. Le père d'Élise, que nous appellerons Frédéric, aurait ainsi perdu les seuls éléments d'assise sociale qui le retenaient jusque-là, dans une certaine réalité : son statut de conjoint et celui de père ; très rapidement, Frédéric se serait laissé glisser sur la pente de la marginalisation : petite délinquance, prise de toxiques, et errance seraient venues meubler son quotidien. Malgré tout, il continuera à prendre des nouvelles de sa fille et sollicitera des visites qu'il n'honorera pas, de son fait, la plupart du temps.

Nous rencontrerons une seule fois Frédéric. À une période où Élise allait très mal, il accompagna Anne, à une des réunions associatives. Il est fort difficile de parler de Frédéric, mais il nous est apparu, de toute évidence, comme quelqu'un en grande souffrance.

Nous disposons de très peu d'éléments sur la famille de Frédéric. Il est issu d'une fratrie de cinq enfants. Il paraît très proche de sa mère bien qu'il fût, dit-il, *toujours considéré comme le canard boiteux de la famille*. Son père est décédé lorsqu'il était jeune adolescent. Il semble submergé d'une émotion importante lorsqu'il aborde le thème de la mort de son père. Il dit avoir *coupé les ponts avec toute sa famille*. Il ne voit sa mère que très occasionnellement et un de ses frères épisodiquement.

Élise ne connaîtra donc jamais son grand-père paternel et n'aura que peu de contact avec sa grand-mère. Elle la rencontrera tout de même quelquefois, dans les années qui suivirent la séparation de ses parents, et semble éprouver beaucoup de joie à raconter les souvenirs que lui évoquent ses rares entrevues.

Élise et sa mère s'installeront donc, après la rupture, à proximité des grands-parents maternels. La grand-mère sera la seule nourrice d'Élise. Une fois scolarisée, elle sera encore élevée par cette grand-mère qui se montrera toujours très présente. Bien sûr, Élise vit avec Anne, mais le travail et la solitude de celle-ci feront qu'elle aura largement recours à l'assistance de sa mère quant à l'éducation de sa fille. Élise ne fut jamais placée en garderie, elle ne fréquentera pas de centres de loisirs, ne partira jamais en colonie de vacances. Entre sa mère et sa grand-mère, Élise est choyée, adorée et n'aura pas l'occasion de s'éloigner temporairement de ce noyau familial atypique. Ce qu'Anne définit comme une *déception sentimentale*, la laissera insatisfaite durant de longues années et figée dans un a priori plutôt négatif à l'égard des hommes en général.

Un autre événement marquera la petite enfance d'Élise. Peu après son arrivée chez les grands-parents, donc juste après la séparation d'avec son père, c'est son grand-père maternel qui disparaîtra. Celui-ci, alcoolique depuis de nombreuses années, sombrera dans une maladie incurable et mourra alors qu'Élise n'a que trois ans. Notons que l'alcoolisme du grand-père nous sera rapporté par Anne, mais qu'Élise n'y fera jamais allusion. Nous ignorons même si elle fut informée des circonstances exactes de la mort de son grand-père. Elle aura eu le temps, tout de même, de connaître ce grand-père pour qui elle représentait beaucoup, elle dira de lui : *il m'emmenait partout avec lui, il m'aimait de tout son cœur*. Nous pourrions, d'ores et déjà nous demander si Élise rapporte ici de véritables souvenirs d'un âge très précoce ou bien si elle s'inspire du discours de la mère et de la grand-mère ou encore s'il s'agit là d'un grand-père imaginaire qu'elle se serait construit par nécessité.

Anne semble très liée à sa mère ; la dépendance paraît faire partie de leur relation. À l'époque de la séparation et du décès du grand-père, Anne explique *qu'elle et sa mère ne pouvaient rester plus de vingt-quatre heures sans se voir, sans se parler*. Chacune est demandeuse de contact *surtout quand ça va mal*, précisera Anne. Le revers conflictuel de cette relation viendrait étayer l'hypothèse d'un certain conflit autonomie/dépendance entre Anne et sa propre mère.

Frédéric se manifestera toujours occasionnellement, il viendra passer des dimanches chez Anne, il sortira parfois avec sa fille, mais jamais, durant dix ans, il ne pourra la recevoir chez lui, régulièrement ; Anne fait ce constat : *il vit toujours dans des conditions précaires et, à trente-cinq ans, ne dispose pour tout bien personnel, que d'un téléphone portable !*

Il arrive à Frédéric de disparaître totalement pendant de longues périodes. La plus longue dura six mois, pendant laquelle Élise ne réussira pas à joindre son père ; ce silence lui fera craindre le pire : *parfois j'ai peur qu'il soit mort et que je ne le sache même pas, je m'inquiète toujours pour lui.* Nombreuses furent les fois où, ayant promis à sa fille de venir lui rendre visite, il ne se manifestera que plusieurs jours après le rendez-vous fixé. La déception d'Élise est souvent sollicitée. Ces épisodes sont presque toujours rapportés au groupe par Élise. Malgré cela, elle continue à rêver d'un père qui réussit, qui construit, d'un père solide, *d'un vrai père*, nous dira-t-elle un jour. Les propos qu'elle tient de lui sont d'ailleurs souvent en discordance par rapport à ce qui nous semble être proche de la réalité. Elle annonce fréquemment : *ça y est, mon père a un travail, il gagne de l'argent, il ne boit plus, il est retourné dans sa famille où il a été accueilli en héros.* Le fantasme d'Élise semble inébranlable. Est-ce là encore, une nécessité pour elle, de préserver cette image rassurante d'un père fort et créatif ?

La mère d'Élise n'eut que très peu d'aventures sentimentales, durant toutes ces années : *je dois m'occuper de ma fille, je n'ai pas de temps pour le reste.* Anne a peu d'amis ; elle passe ses loisirs et presque toutes ses vacances en compagnie de sa fille et de sa mère. Anne a un frère, un peu plus jeune qu'elle. Ils se voient régulièrement. Mais celui-ci *a une vie privée*, Anne dit *qu'il a trouvé un équilibre et qu'il ne partage pas trop l'intimité du noyau familial*. Ce frère et sa compagne emmènent parfois Élise lors de courts voyages, ce sont les seules personnes avec qui elle accepte de partir loin de chez elle. Elle se dit *en confiance avec eux*.

Concernant les visites de Frédéric depuis le début de l'anorexie d'Élise, celle-ci explique que la venue de son père la bouleverse plus qu'elle ne lui fait plaisir : *ça le rend malade de me voir aussi maigre, à chaque fois que j'ouvre la porte, il se met à pleurer ; c'est horrible pour moi.*

C'est après quelques scènes semblables qu'elle refusera de le voir. Elle suppliera sa mère de ne plus accéder aux demandes de visites de Frédéric. Cette attitude est nouvelle. Avant la maladie, Élise aimait le rencontrer. Désormais, elle est catégorique. L'annonce de la venue de son père lui provoque des douleurs abdominales et des poussées de psoriasis, en somme, des symptômes identiques à ceux des matins d'école où Élise ne pouvait plus se rendre.

Notons par ailleurs qu'il arrive à Anne de critiquer ouvertement Frédéric devant sa fille. Élise résumera ainsi ce qu'elle a pu entendre de l'opinion de sa mère :

> *Je sais très bien que je ne peux pas avoir confiance en lui. Maman ne m'a jamais caché qu'il était faible, complètement nul, bon à rien ; elle dit même qu'il est alcoolique depuis longtemps et qu'il s'est beaucoup drogué. Elle a toujours dit qu'il valait mieux que je le sache pour ne pas être trop déçue.*

Une autre fois, Élise se souviendra :

> *Un jour, papa est venu me chercher pour aller à la piscine, mais il n'avait pas d'argent. Il en a demandé discrètement à maman. Elle lui en a donné en râlant, ce qui fait que j'ai su ce qui se passait. Cela m'a fait un mal fou. Je vois encore l'image de mon père qui tend la main et ma mère qui lui donne rageusement un billet, comme s'il était un petit garçon. Tout ça pour qu'il puisse m'emmener à la piscine. J'avais honte. Honte de lui, honte pour lui. Je ne voulais même plus y aller, à cette foutue piscine !*

Évidemment, Frédéric, démuni financièrement, ne donnera jamais de pension alimentaire. Très tôt, Élise sera informée de ces considérations matérielles.

Anne dit connaître de grandes difficultés à se séparer de sa fille. Elle exprimera souvent sa crainte de faire perdurer une relation fusionnelle *troublante*. *Je n'arrive pas à refuser lorsqu'Élise me demande si elle peut dormir avec moi. Je dis toujours oui, surtout depuis qu'elle n'est pas bien. Et puis, c'est comme ça depuis qu'elle est toute petite, comment pourrais-je dire non maintenant qu'elle a besoin de ma présence ?*

Anne dit aussi se confier à sa fille ; elle lui raconterait ses petits tracas professionnels, ses interrogations sur l'avenir, ses ressentis, quels qu'ils soient. *Élise est vraiment une jeune fille très mûre pour son âge, je sens que je peux tout lui dire.* Il arrivera à Frédéric d'adopter le même type d'attitude, Élise nous expliquera que c'est précisément à la suite d'une scène comme celle-ci qu'elle a souhaité ne plus voir son père :

> *Encore une fois, il pleurait à cause de ma maladie ; il disait que ça le perturbait beaucoup de me savoir mal, que si ça continuait, il allait finir en maison de repos. Mais ce qui m'énervait encore plus que tout, c'est qu'après, il voulait me prendre dans ses bras et m'embrasser. Je ne supporte pas son contact, je ne veux pas qu'il me touche. D'ailleurs, dès qu'il m'embrasse, j'ai des rougeurs et des démangeaisons sur la peau.*

Si nous nous en tenons au discours d'Élise et de sa mère, son problème a commencé lorsqu'elle est entrée en sixième et qu'elle connut cette mésaventure avec le jeune garçon. Élise dit qu'*avant, tout allait très bien*. Sa mère confirme qu'*Élise était épanouie, qu'elle s'était bien intégrée à l'école primaire*. Mais l'histoire avec le garçon ne serait-elle pas venue comme un révélateur mettre en exergue l'histoire faussement calme d'Élise ? Il est toutefois difficile de définir précisément ce que fut le déclencheur de l'anorexie, car le déménagement, le changement de cadre scolaire, l'arrivée en sixième et les premiers signes pubertaires firent leur apparition simultanément.

Il est aussi certains faits de l'anamnèse d'Élise qu'il nous semble important de transcrire ici. Ils furent tantôt apportés par Élise, tantôt par Anne.
Ainsi, c'est Élise qui nous expliquera que sa mère lui avait offert un petit chien, autrefois. Cette acquisition remonte à quelques mois après le décès du grand-père maternel, Élise devait avoir environ trois ans. Ses mimiques et l'expression de son visage nous indiquent qu'elle est gênée de parler de cet animal. Elle précise que *de toute façon, c'est sans importance, car il y a longtemps qu'elle a oublié cette histoire.* Elle justifie hâtivement le fait que sa mère et elle, aient dû finalement se débarrasser de l'animal : *ce n'était pas vivable, il était insupportable ; il aboyait toute la journée quand il était seul, mais surtout, il dévorait tout à la maison. Maman a dit qu'on ne pouvait pas supporter qu'il mange tout comme çà, alors elle l'a donné.* Le récit d'Élise nous apparut comme inspiré des propos de sa mère. Nous avons, en effet supposé qu'il puisse s'agir de la version d'Anne reprise telle quelle par sa fille, tant les mots employés par Élise ne paraissaient pas être les siens.
Quelques semaines plus tard, Élise reviendra sur cet événement et dira :

> *J'ai réfléchi, je crois maintenant que maman a fait avec le chien comme elle a fait avec papa ; en tout cas, pour moi, c'était pareil : elle dit souvent à mon père que si elle est partie de la maison, c'est parce qu'il mangeait la baraque et qu'elle n'en pouvait plus de travailler pour*

> *qu'il reste seul à la maison à faire ses bêtises. Maintenant, je comprends que ça ne veut pas dire la même chose, mais avant…*

C'est, par contre, Anne qui nous relatera longuement un incident qui se serait produit entre Élise et son père, environ deux ans avant l'entrée en sixième. Anne se trouvait hospitalisée à l'occasion d'une intervention chirurgicale. Très exceptionnellement et dans le but de soulager sa mère, elle avait fait appel à Frédéric pour que celui-ci vienne garder Élise un soir et qu'il organise son départ à l'école le lendemain matin. Cela impliquait qu'il passe la nuit chez son ex-compagne. Frédéric accepta bien volontiers. Anne précise qu'elle-même, bien qu'heureuse à l'idée que sa fille *profite d'une vraie soirée avec son père, n'était pas tranquille*. Elle insiste sur le fait que, même lorsqu'ils faisaient vie commune, elle ne fut jamais en confiance par rapport aux soins que Frédéric pouvait prodiguer à Élise. Elle relate que, vers une heure du matin, elle reçut, dans sa chambre d'hôpital, un appel désespéré d'Élise en pleurs, hurlant qu'elle ne voulait plus rester seule avec son père. Finalement, c'est la grand-mère, qui vint à la rescousse. Frédéric, manifestement furieux, serait parti précipitamment, insultant Élise et sa grand-mère.

Les investigations d'Anne, qui tenait absolument à savoir ce qui s'était passé entre Élise et son père ce soir-là, lui apprirent, selon les dires d'Élise, qu'elle s'était endormie mécontente, car son père aurait bu *plusieurs verres d'alcool au cours de la soirée*. Réveillée *en plein sommeil par des bruits bizarres*, elle serait venue voir ce qui se passait dans le salon et aurait trouvé son père devant le téléviseur à visionner un film pornographique. La version des faits d'Élise fait état d'une dispute qui aurait éclaté entre elle et son père, altercation qui aurait abouti à une gifle de la part de Frédéric.

Ce matériel, bien qu'intéressant, est à considérer avec prudence puisqu'il s'agit d'une version d'Élise rapportée par sa mère. Finalement, personne en dehors des protagonistes, ne sait ce qui s'est réellement passé cette nuit-là. La présence de deux vidéos à caractère pornographique fut attestée par Anne qui les retrouva à son retour de l'hôpital. Élise aurait pris soin *de les ranger* dès le départ précipité de son père, *afin que sa grand-mère ne s'inquiétât pas trop*. Notons qu'Élise ne fit jamais allusion à cette scène.

Considérons, ici la vulnérabilité d'Élise, le soir en question, due à l'absence et à l'indisponibilité totales de sa mère, elle-même diminuée par l'hospitalisation passagère.

Après réflexion, Anne évoquera une attention particulière qu'Élise aurait déjà portée à son poids très peu de temps après cet événement. Élise confirmera, par ailleurs, qu'elle avait aussi, à ce moment-là *commencé à faire attention, car elle trouvait qu'elle s'arrondissait un peu*.

L'oncle et la tante, suite à un séjour à l'étranger où Élise les avait accompagnés à cette époque, auraient signalé à Anne, une attitude d'Élise quelque peu angoissée par rapport à la nourriture.

Nous noterons également qu'Élise aurait, toujours aux dires de sa mère, au lendemain de l'incident avec Frédéric, complètement vidé sa chambre et se serait débarrassée de tout ce qui la rattachait à son univers de petite fille : les poupées, peluches, vêtements trop petits, jeux de construction ne correspondant plus à son âge auraient été jetés sans égard. Ce comportement fut relevé par Anne, car particulièrement inhabituel de la part d'Élise, jusque-là très conservatrice. Élise aurait déclaré à sa grand-mère qui tentait de tempérer son tri frénétique, *qu'elle voulait que tout soit en ordre et impeccable pour le jour où sa mère rentrerait de l'hôpital*.

Au moment où nous relatons ce cas, Élise poursuit sa thérapie à raison d'une séance par semaine, elle participe toujours aux groupes de paroles où nous l'avons connue, elle ne voit plus son psychiatre à l'hôpital. Son poids est stable malgré une minceur extrême. Elle contrôle toujours son alimentation, mais se nourrit *correctement* selon Anne. Les rapports aux autres et les situations inhabituelles sont encore source d'angoisse. Elle vient de commencer son année de quatrième dans un nouveau collège et se dit motivée par l'idée de se faire de nouvelles amies. Frédéric vient, plus ou moins régulièrement lui rendre visite. Élise dit cependant qu'il lui est *encore très difficile de supporter le contact physique de son père*. Anne et sa mère semblent toujours unies dans cette lutte contre le mal-être d'Élise. Élise, quant à elle, donne parfois des signes de prise d'autonomie par rapport aux deux femmes qui l'entourent depuis sa petite enfance, même si elle est encore très demandeuse d'une grande proximité avec Anne. Elle semble, malgré ces quelques progrès, d'une grande fragilité et paraît poursuivre, inlassablement, sa quête de ce qu'elle appelle communément, *un vrai père*.
Joseph Moingt, dans un article parle en ces termes de ce *vrai père* : *un père qui n'est pas père seulement parce qu'il engendre, mais qui engendre parce qu'il est Père*[31].

Nous commencerons notre analyse par l'observation, dans le cas d'Élise, de deux situations fréquemment rencontrées avant l'entrée dans l'anorexie, à savoir le déménagement et le changement d'école. Nous nous demandons si ces bouleversements du quotidien de la jeune fille ne pourraient être en lien avec la notion de deuil impossible, si souvent rencontrée dans l'anorexie mentale. Nous supposons un deuil rendu particulièrement difficile pour plusieurs raisons.

---

[31] MOINGT, Joseph, Religion et paternité, Littoral, Du père, n° 11-12, Paris, Ères, 1984, p.15

Tout d'abord, considérons que l'abandon de l'état d'enfant et le regard nouveau porté sur les parents sont, chez tout adolescent, un moment particulièrement délicat. Chez l'anorexique, qui généralement refuse l'invasion de la sexualité, quitter la protection des parents et plus spécifiquement celle qu'elle a trouvée en revenant à la mère pourrait être un contresens : sortir du cocon familial, c'est s'exposer aux sollicitations d'autrui, ce que l'anorexique tente généralement d'éviter.

D'autre part, il est un deuil que, dans notre hypothèse, l'anorexique aurait déjà eu à faire, jadis, c'est celle de l'image d'un père idéalisé qu'elle n'a pu retrouver dans le père de sa réalité, deuil d'autant plus insupportable qu'il la laissera dans une situation de symbiose avec la mère. Nous nous référerons ici à la notion d'introjection de l'objet perdu que Freud évoque à propos de la mélancolie. C'est peut-être dans ce deuil originel raté que se constituerait le noyau mélancolique, parfois observable dans l'anorexie mentale, ce qui n'est d'ailleurs pas très prégnant, dans le cas d'Élise. Notons qu'au-delà de ce deuil du père que nous supposons, Élise fut cependant confrontée, très jeune, à d'autres situations similaires : deuil du grand-père, deuil du petit chien. Le deuil normal de l'enfance à la puberté, le déménagement, le changement d'école seraient donc venus réactiver une série de séparations bien antérieures.

Nous retrouverons, dans le cas d'Élise, la notion de déception. Déception, dont nous pourrions également situer l'origine, dans la découverte, par la petite fille, d'un père réel très différent de celui qu'elle avait attendu, imaginé. Par la suite, les déceptions jalonneront, telles des confirmations, l'histoire d'Élise, notamment dans la relation qu'elle entretiendra avec son père :

> *Je ne peux pas compter sur lui. Il m'a tellement dit qu'il venait me voir sans jamais le faire ! Chaque année, pour Noël, il me téléphone pour me demander ce que je souhaite, il me promet plein de choses, mais il ne vient jamais au réveillon. Quelquefois, je ne le revois que plusieurs mois plus tard, les mains vides de cadeaux.*

Notons, par ailleurs, qu'Élise semble prise dans un discours de femmes déçues. Sa mère le fut apparemment par Frédéric et nous pouvons supposer que la grand-mère ait pu l'être également par un mari qui a choisi l'alcoolisme pour colmater sa souffrance. Ainsi, toutes les deux auraient pu assister à l'effondrement d'une image masculine. Melman voit *l'alcoolisme comme un mode réactionnel à une culpabilité de ne pas accomplir son devoir phallique*[32]. Élise, de fait, évolue dans une famille où les femmes n'ont pas pour habitude de compter sur les hommes. Anne ne cachera d'ailleurs jamais son amertume à sa fille. Elle ira jusqu'à la mettre en garde contre son père : *ne pas trop y croire pour ne pas être trop déçue.*
Mais Élise ne peut se résigner. Elle continuera toujours à croire en l'existence phallique de son père. C'est certainement en raison de cette foi qui persiste qu'elle se révoltera, en le voyant tendre la main vers Anne pour obtenir l'argent de la piscine. Frédéric est dépendant d'Anne. Une dépendance supplémentaire de Frédéric qu'Élise a beaucoup de mal à accepter. À propos de dépendance, il aurait été certainement très instructif de comprendre la motivation d'Anne dans le choix d'un compagnon qui, comme son père, a une attirance très marquée pour les substances toxiques.

---

[32] MELMAN, Charles, Structures lacaniennes des psychoses, l'alcoolisme, Séminaire Salpêtrière, mars 1984.

Ce qui est particulièrement remarquable, dans ce cas, est la complicité qu'Anne tend à établir avec sa fille. Si Élise, à treize ans, n'a toujours pas quitté sa mère, nous pouvons supposer que sa mère éprouve du plaisir à garder sa fille près d'elle. Pour élaborer sur cet aspect du cas d'Élise, il nous aurait fallu une meilleure connaissance de l'histoire d'Anne. Notons tout de même que nous avons pu observer un investissement massif d'Anne à l'égard de sa fille. Il est, en effet, assez fréquent de rencontrer, dans le cadre de l'anorexie mentale, des couples mère/fille, où l'enfant est venu combler, réparer quelque chose de la mère. L'enfant alors, n'est plus seulement un individu, mais aussi un objet utile à la mère. Si la fille, par crainte de l'extérieur, préfère rester auprès de sa mère et si, celle-ci, y trouvant son compte, retient sa fille, on a alors toute la dimension de la difficulté à aboutir à la rupture du lien pathologique.

Nous devinons, ici, la satisfaction quasi érotique qu'Anne obtient à dormir dans le même lit que sa fille. Nous pouvons aussi percevoir combien elle accède à ses demandes : elle assume pour Élise la préparation des repas *allégés* prétextant que cela *lui fera du bien aussi de manger sainement*. Elle protège sa fille des visites de Frédéric lorsque celle-ci les refuse. Elle cherche, à quatre reprises, l'école *qui conviendra le mieux à Élise*. Anne semble vouloir entretenir un climat de complicité ; elle voit Élise comme une amie à qui elle peut tout dire. C'est en grande partie, par cette liberté de parole d'Anne que passera la dévalorisation de Frédéric. Anne et Élise se retrouvent complices dans le dénigrement de Frédéric ; situation qui n'est certainement pas exempte d'une certaine culpabilité chez Élise : son père fragile, à la rue, est encore nié, rejeté par sa mère et par elle-même. Nous pourrions d'ailleurs nous interroger sur la raison qui fit qu'Anne n'ait jamais tenté de préserver l'image de son compagnon dans le regard de sa fille. Peut-être, faudrait-il se demander quelle image de père, Anne s'est faite du sien ;

mais nous disposons ici de trop peu d'éléments pour aller plus avant dans cette interrogation.

Nous ajouterons seulement ce constat que fit Jeammet en 1971 :

> *Le déséquilibre familial apparaît constant dans les couples de parents d'anorexiques. Les mères sont déçues par leur mari, mais c'est une déception qui vient en écho de celle qu'elles ont éprouvée dans leur relation avec leur père. Elles entretiennent ainsi une dépendance idéalisée à l'égard de leur mère. Du côté paternel, la problématique est souvent lourde, parfois massive. [...] Le père est décrit comme dévalorisé par les femmes, comme souvent caricatural dans son rôle de père (soit tyran, soit absent)[33].*

Confirmons toutefois qu'Élise n'est pas sans culpabilité. Elle semble pourvue d'un surmoi relativement opérant ; il ne fait pratiquement pas de doute que, même s'il échoua partiellement, Élise eut à faire avec le refoulement. Elle reste cependant particulièrement réactive à toute frustration ; la fragilité narcissique d'Élise prévaut dans beaucoup de ses comportements.

Nous avons souvent eu le sentiment, à l'écoute d'Anne ou d'Élise, qu'il s'agissait d'une famille où les rôles ne se distinguaient pas nettement. Chacun ou plutôt chacune étant susceptible de remplacer l'autre. La grand-mère est aussi un peu la mère d'Élise, Anne se dira parfois tenant le rôle *de la mère et du père* et demandera à sa fille d'être aussi son amie. Tout comme si, à cause des places laissées vacantes par les hommes, chacune devait endosser plusieurs rôles.

---

[33] FLAVIGNY, Christian, Anorexie de l'adolescence, Psychanalyse à l'université, n° 39, Vol. 10, 1985, p.390-391.

Cette observation nous engage dans un propos sur la question des limites de chacun. Ici, ces limites n'apparaissent pas clairement. Élise dit avoir du mal à *conserver son jardin secret : je dis tout à maman. Elle m'a toujours expliqué que lorsqu'il y avait une grande complicité entre deux personnes, il n'y avait pas de secrets. Moi, je lui raconte tout !*
Par sa phobie de l'autre, de l'école, des activités sociales, Élise ne fuit-elle pas le contact ? Que pourrait-il y avoir de plus angoissant que la proximité de l'autre si les frontières, entre les individus, ne sont pas nettement établies ?
En supposant que cela s'avère opérant chez Élise, nous pourrions imputer ce trouble de l'acquisition des notions de limites, d'une part au fonctionnement familial dont nous venons de parler, d'autre part à la relation intime avec la mère qui n'a certainement pas facilité l'édification d'un Moi bien distinct. Mais il faudrait, selon nous, considérer également, l'alcoolisme du grand-père et les attitudes addictives du père. Ce type de comportements répétés et les excès qui s'y rattachent pourront donner au jeune enfant l'impression que son parent n'a pas de limites et que dans un état d'ivresse, par exemple, il pourrait être capable du pire, de l'inimaginable. N'oublions pas que le grand-père a bu jusqu'à la mort, et que Frédéric consomme alcool et drogue jusqu'à la dislocation de son couple.
Nous n'évoquons pas, ici, dans le cas d'Élise, une défaillance des limites de soi telle que nous pouvons l'imaginer dans la psychose, mais plutôt d'une difficulté de perception des limites de l'autre, d'un ressenti angoissant de celles-ci.
C'est peut-être, la non-perception de ces limites qui fut à l'œuvre la nuit où Élise, seule avec son père, dans un climat d'excitation sexuelle, fut prise de panique au point d'appeler au secours la seule personne capable de la protéger. De quoi était-il capable, puisqu'il avait bu ? Où allait-il s'arrêter dans le plaisir qu'il se donnait alors ?

C'est principalement dans cette scène que nous supposons l'aspect traumatique de l'irruption du sexuel dans l'histoire d'Élise. Beaucoup d'éléments nous semblent réunis ici : Élise, bien qu'antérieurement déçue de ne pas trouver en son père l'image de celui qu'elle attendait, n'en espère pas moins découvrir en Frédéric, quelque chose à admirer. Au moment de l'Œdipe, son père ne lui aurait pas fait la cour, la laissant aux prises avec sa mère. En somme, elle aurait souhaité et pourrait attendre encore d'être séduite par lui. Dans le réel, ce soir-là, Élise découvre brutalement un père sexué, capable de désir physique, dans une atmosphère d'intimité, qu'Élise peut supposer sans limites. Notons qu'Élise a environ huit ans lors de l'incident et qu'elle se trouve donc en période de latence.

Nous pourrions aussi rejoindre la théorie d'origine de Freud par laquelle il postulait, entre autres, dans l'anorexie mentale, l'influence d'un fantasme de fécondation orale. Rappelons que c'est au lendemain de cet événement qu'Élise se débarrassera de tous ses jouets de petite fille. Serait-elle brutalement devenue une femme ? C'est également peu après qu'elle considérera *qu'elle commence à s'arrondir,* et c'est là aussi que les douleurs abdominales commenceront. Plus tard, lorsqu'Élise rencontrera l'impossibilité de se rendre à l'école et donc de rencontrer des garçons susceptibles de désir pour elle, les vomissements matinaux pourraient également renvoyer à ce fantasme de grossesse.

Il nous reste à aborder l'aspect phobique du symptôme d'Élise. Pour cela, nous considérerons la phobie comme devant être mise en relation avec une angoisse de séparation concernant l'un des parents. Il n'est d'ailleurs pas rare d'observer, chez l'adolescent, un comportement tyrannique avec le parent concerné, ce qui se vérifie pleinement dans le cas d'Élise. Son agressivité à l'égard de sa mère révélerait une tentative d'individuation du Moi.

La perception négative des menstruations symboliserait le refus d'un devenir femme. La fierté d'appartenance à un sexe, dont parle Dolto, est ici totalement inexistante puisqu'Élise, comme de nombreuses anorexiques, souhaite rester dans un état non sexué ; nous rappellerons encore la pensée de F. Dolto : l'appartenance sexuelle chez la fille ne peut advenir que dans le regard du père, *représentant phallique valeureux*[34].

Les poussées libidinales de la préadolescence, arrivant au moment de l'entrée en sixième, auraient rendu les garçons de l'école potentiellement dangereux. Danger confirmé dans le réel par les attaques verbales et écrites du camarade avec qui Élise a refusé de sortir. Notons que *sortir avec* signifiait pour lui *aller manger ensemble*. Ce détail nous sera précisé bien plus tard, par Élise. Toujours en écho à la théorie de Freud dans laquelle il insiste sur la sexualisation des troubles alimentaires, nous constatons qu'ici, Élise a considéré la proposition de repas commun comme une invite sexuelle.

La présence de Frédéric, et plus encore ses tentatives de rapprochés physiques réactiveraient chez sa fille le souvenir de l'angoisse liée à l'événement traumatisant.

Nous supposons également que si Élise accepte de s'éloigner de sa mère uniquement avec son oncle et sa compagne, c'est peut-être justement parce qu'il y a une compagne. L'oncle lui ne peut s'avérer dangereux puisqu'il adresse son désir à une femme. Ce couple semble par ailleurs, le seul modèle qu'Élise puisse observer, d'une relation amoureuse qui perdure.

Nous avons vu, dans l'analogie que fait Élise entre *le petit chien qui mange tout* et *le père qui mange la baraque*, une capacité d'association de sa part. Élise ne nous est d'ailleurs jamais apparue comme incapable de symbolisation. Son

---

[34] In L'image inconsciente du corps, p. 347

anorexie nous paraît plus se développer selon un mode hystérique. Les douleurs abdominales, les vomissements, les malaises, les manifestations cutanées nous renvoient probablement à un mécanisme de conversion.

Il n'en reste pas moins vraisemblable que le plus grand rendez-vous manqué entre Élise et Frédéric puisse être celui de l'Œdipe. Hier comme aujourd'hui, Frédéric ne répond pas comme Élise le souhaiterait à ses appels. Là où Élise, grâce à son imaginaire tente de mettre du symbole, c'est par le réel que Frédéric répond.

La reviviscence œdipienne chez Élise se traduit sous deux grands axes : celui de la culpabilité et celui de l'agressivité.

Une faiblesse narcissique est également incontestable chez Élise. L'importance qu'elle accorde au regard des autres nous en parle. Les observations de sa mère, prises comme des critiques, l'opinion de ses camarades face au graffiti du garçon dans le premier collège, celle des religieuses dans le deuxième collège, son goût pour la perfection soulignent une faille restée béante. Élise semble craindre l'abandon ; l'abandon par sa mère qui la livrerait ainsi aux pulsions d'autrui, mais aussi à ses propres pulsions désormais sexualisées. Mais encore, abandon beaucoup plus ancien d'un père qui n'a pas su tenir pleinement son rôle de tiers dans la triangulation œdipienne. Et entre les deux, le chemin d'Élise fut encore parsemé d'abandons : elle et sa mère abandonnent Frédéric parce qu'il *consommait trop*, le petit chien est donné, car il *dévorait tout*, le grand-père disparaît parce qu'il *buvait trop*. Ainsi, le deuil, l'abandon et l'oralité nous sont apparus comme des constantes incontournables dans le cas d'Élise.

CHAPITRE II

CÉCILE
OU LE VIDE DE PÈRE

Cécile a trente ans. Un étrange paradoxe s'affiche dans son aspect physique : ses mimiques et ses tenues sont celles d'une petite fille de dix ans alors que sa silhouette, accablée par la maladie, serait plutôt celle d'une vieille femme. Cécile est atteinte depuis l'adolescence d'une anorexie restrictive, particulièrement résistante. Cela fait dix ans que Cécile est suivie sur le plan psychiatrique : depuis deux ans, elle est hospitalisée une semaine chaque mois afin de lui garantir l'alimentation suffisante à sa survie. Son psychiatre lui a prescrit, de longue date, un traitement médicamenteux principalement composé d'antidépresseurs. Cécile est constamment très amaigrie, toujours à la limite de la cachexie : son poids oscille généralement autour de trente-six kilos pour un mètre soixante-cinq.
Bien que particulièrement dépressive, elle déclare : *en quatorze ans de maladie, je n'ai même jamais pensé au suicide.* Elle semble elle-même s'en étonner tant sa souffrance est intense. La dénutrition a entraîné, au long cours, des dégradations corporelles invalidantes. Elle a développé une maladie de la rétine lui imposant le port de verres correcteurs, particulièrement épais, elle a perdu beaucoup de cheveux, une sorte de duvet disgracieux lui recouvre le

corps et ses dents tombent une à une. Cécile a connu plusieurs hospitalisations de longues durées et, à chaque fois, des rechutes toutes aussi rapides les unes que les autres. Les contraintes physiques que Cécile s'impose ne représentent pas le seul axe de manifestation de sa maladie. En effet, les rituels ont envahi son quotidien ; d'abord ceux liés à la nourriture et aux repas, mais également certains en relation avec le sommeil. Cécile dort beaucoup et ne peut se reposer qu'à des heures très précises, dans une position particulière et uniquement chez elle. Par ailleurs, elle pratique de nombreux rituels de comptage, des vérifications multiples et des bains de bouche incoercibles (jusqu'à trente par jour). Les dents qui restent à Cécile sont d'ailleurs, en raison de cette habitude, de couleur marron. Elle ne s'est jamais fait vomir, n'a jamais connu de crises boulimiques, mais pratique sur elle, des manipulations anales afin, explique-t-elle, *de se libérer au plus vite de ce qu'elle a dans le ventre.* Cécile est en proie à des idées obsédantes : parfois, en relation avec la nourriture, elles peuvent aussi se généraliser à d'autres aspects de sa vie. Au début de sa maladie, elle était hyperactive, mais aujourd'hui l'épuisement perpétuel dans lequel elle se trouve ne lui permet plus de solliciter son corps.

Cécile fera également état d'une cleptomanie : *je peux voler dans huit ou dix magasins en une journée, parfois plus. En fait, je ne m'arrête que lorsqu'un vigile m'interpelle.*

Cécile vit seule depuis plusieurs années. Elle n'a ni compagnon ni enfant. Elle est enseignante, mais ne peut plus exercer son métier en raison de son état de santé mentale et physique. Elle donne un peu de son temps à une association pour laquelle elle dispense des cours d'alphabétisation aux étrangers illettrés. Cécile privilégie les relations à connotation intellectuelle. Les seuls actes qui selon elle la motivent, sont *les actes utiles ;* elle dira souvent : *ce qui n'est pas utile n'a pas de sens.* Tout ce qui peut engager le corps ou l'expression des émotions est nié. Notons que lorsque nous rencontrons Cécile, pour la première fois, elle n'a jamais eu de relations sentimentales. Elle dit n'avoir jamais été amoureuse et n'a connu aucune expérience sexuelle. Cécile semble sans vie, inerte à l'intérieur d'elle-même. Pour Cécile, l'aspect mélancolique semble occuper une grande place dans la pathologie. Ces paroles de Freud pourraient tout à fait illustrer le sentiment de scission, très nette, qui ressort de la personnalité de Cécile.

> *La misère du mélancolique est l'expression d'une division tranchée entre les deux instances du moi, dans laquelle l'idéal démesurément sensible manifeste sans ménagement sa condamnation du moi sous forme de délire d'infériorité et d'auto dépréciation[35].*

Cécile se déteste ou plutôt déteste une partie d'elle-même. Cette partie, qui hait l'autre, apparaît comme très puissante. Cécile est en perpétuelle lutte, elle dira, à ce sujet : *parfois, je peux presque sentir en moi les deux forces. Depuis quinze ans, je n'ai pas d'unité. C'est un combat difficile, il est présent chaque jour de ma vie.*
Au fil de nos rencontres, Cécile ne livrera que très peu de son passé. Elle dit s'ennuyer terriblement dans cette vie où rien ne la touche. Elle déclarera :

> *Ma vie n'est qu'une succession de gestes monotones, identiques et prévisibles. Quand je me réveille le matin, je sais exactement ce que je ferai à douze heures ou à dix-huit heures trente. Et le pire, c'est que lorsque j'essaie de sortir de*

---
[35] FREUD, Sigmund, Psychologie des foules et analyse du Moi in Essais de psychanalyse, Paris, Payot & Rivages, Petite bibliothèque Payot, 2001, p. 226

cette routine qui me tue, alors c'est une angoisse insurmontable qui me submerge. Je suis prisonnière de mes habitudes et si je m'échappe de cette prison, ce qui m'attend dehors est pire !

Cécile se refuse donc à parler de son enfance ; mais lorsqu'elle est sollicitée, elle avance une enfance particulière heureuse, pleine d'insouciance et de joies. Elle ne cesse de demander à y retourner ; elle dit éprouver beaucoup de nostalgie à propos de cette période de sa vie.

Nous préciserons ici que seuls, quelques détails de cette enfance nous ont été fournis par Cécile ; ce sont donc ces petits faits qui nous guideront dans notre analyse. C'est ainsi que nous apprendrons que, sa mère, travaillant, aurait eu recours au service d'un jeune chilien immigré pour s'occuper de Cécile au retour de l'école. Cécile prétend *qu'en échange*, elle aurait appris le français au jeune homme. Elle aurait, à cette occasion, demandé à sa mère un dictionnaire français/espagnol. Sa mère, étonnée, puisqu'à ce moment-là, Cécile ne savait pas lire couramment, l'interrogea sur la raison de sa demande. Cécile lui aurait répondu que même si elle ne s'en servirait pas, savoir qu'il y avait un outil pouvant la relier au jeune homme *la rassurait beaucoup*.

Cécile ne détermine aucun événement précis ni dans l'enfance ni à l'adolescence, comme pouvant avoir eu de l'importance dans le déclenchement de son trouble. Elle aurait progressivement perdu sa joie de vivre au moment de la puberté.

Elle ne s'exprime toujours que sur un présent très factuel. Les associations sont difficiles, voire inexistantes. Le registre du symbolique apparaît très pauvre. Les rares résurgences de l'inconscient sont immédiatement rationalisées. Cécile dit ne pas rêver. Nous devons cependant tenir compte de l'état de dénutrition dans lequel elle se trouve, la perturbation des échanges physiologiques pouvant entraîner un fonctionnement mental ralenti. D'autre part, n'oublions pas la médication antidépressive à laquelle Cécile est soumise et ses effets potentiellement sédatifs.

Le contexte familial de Cécile se réduit aujourd'hui à deux femmes. Sa mère et sa tante. Cécile est fille unique.
La mère de Cécile est une femme de soixante-dix ans. Elle avait déjà quarante ans lorsqu'elle eut sa fille. Selon les dires de Cécile, elle naquit d'une relation passagère entre sa mère et un *homme qui aurait pu être un autre*.
La mère de Cécile que nous appellerons Jeanne, est la plus jeune survivante d'une fratrie de douze enfants, une dernière fille vit le jour, après elle, mais décéda de maladie, à l'âge de deux ans. Jeanne perdit sa mère assez tôt, elle devait avoir entre six et huit ans. Cécile ne donna jamais de détail sur les circonstances de la mort de sa grand-mère ni sur la façon dont Jeanne avait pu vivre le décès de sa mère. Le père de Jeanne, resté seul avec ses nombreux enfants, délégua l'éducation des plus petits au dévouement des plus âgés. Ainsi, Jeanne fut principalement élevée par deux de ses sœurs aînées. L'une d'entre elles est la tante encore très présente dans l'univers de Cécile. Cette sœur accompagnera Jeanne tout au long de sa vie, y compris dans son expérience de maternité. Plus tard, Jeanne et sa sœur se *partageront l'éducation de Cécile*. Cette tante, comme la plupart des frères et sœurs de Jeanne, restera célibataire et n'aura pas d'enfant.
Le discours de Cécile nous donne à découvrir un grand-père maternel pour le moins énigmatique ; il aurait été *un homme formidable, admiré de tout le monde*. Par ailleurs, nous apprendrons que, dépassé par le travail que lui imposait sa grande famille, il aurait placé en institution les enfants qui restaient alors sous le toit familial. Jeanne fit partie de ceux-

là. Ce n'est que jeune adulte qu'elle aurait retrouvé avec sa sœur, une vie plus indépendante. Cécile parle donc souvent de cet *homme extraordinaire* et comme pour justifier son propos, elle déclarera : *à son enterrement, le prêtre dont il avait été très proche a dit de mon grand-père : monsieur T. savait bien, lui, que le Moi est haïssable !*

En prononçant cette phrase, Cécile semble emplie d'une admiration sans bornes, pour l'homme que fut son grand-père. Paradoxalement, Cécile rapportera, un jour, le caractère autoritaire qu'elle lui attribuait cependant ; pour exemple, elle raconte que lorsque sa mère, petite, voulait attraper un fruit mûr d'un arbre du verger de la maison où elle vivait avant le pensionnat, le grand-père arrivait avec un martinet ou tout autre ustensile cinglant et fouettait les jambes de l'enfant, prise sur le vif ; il aurait formellement interdit à tous ses enfants de cueillir les fruits du jardin.
Il est une autre image masculine dont Cécile parlera toujours avec grand respect : un oncle, frère de sa mère. Elle dit ne pas comprendre pourquoi il ne rejoignit jamais un ordre religieux car, dit-elle :

> *Il vit comme un saint, refuse les plaisirs terrestres, ne pense qu'aux choses de l'esprit, donne beaucoup de son temps aux autres.* Mais cet homme aurait préféré *vivre en ermite, loin de la société actuelle et de ses tentations ignobles.*

Il semble que Jeanne et sa sœur, personnages dominants de la petite enfance de Cécile, aient enseigné à celle-ci qu'aucune femme n'avait besoin d'un homme pour vivre, encore moins pour *faire* et *élever un enfant*. Arrivée à l'adolescence, Cécile sollicita auprès de sa mère des précisions sur l'identité de celui qu'elle appelait alors non

pas *son père,* mais *son géniteur.* À ce sujet, Lacan ne nous dit-il pas : le *père réel, c'est le spermatozoïde*[36].
Jeanne lui indiqua le nom de celui-ci et quelques informations supplémentaires. Bien qu'elle ne souhaitât pas s'impliquer dans les recherches de sa fille, elle ne tenta pas de la détourner de son projet. Cécile dit avoir recherché son père pendant de longs mois et l'avoir retrouvé alors qu'il séjournait pour un an aux États-Unis. Cécile rencontra l'homme qui était depuis toujours informé de son existence, mais qui, sur la demande de Jeanne, ne s'était pas manifesté. Cécile résume ainsi cette précieuse rencontre qu'elle dit avoir cependant vécue comme une grande déception :

> *Ça y était, j'étais là, avec lui, enfin... Mais je n'arrivais pas à être heureuse ! Je ne réussissais pas à l'investir, lui, physiquement, de l'image que je m'étais construite de mon père. C'était un homme, un inconnu, tout au plus mon géniteur.*

Durant les années qui suivirent, Cécile revit régulièrement son père. Encore aujourd'hui, lorsqu'elle prévoit de le rencontrer, elle dit se réjouir de ce moment qu'elle va passer avec lui, car *elle se sent alors portée, il décide pour elle, il lui semble que plus rien ne repose sur ses épaules.* Malgré ce bénéfice, elle continue à le considérer comme très loin de *son idéal de père.* Cécile ne connaît aucun des membres de la famille paternelle ; il semblerait même qu'elle ignore tout de son histoire.
La famille de Jeanne accueillit très mal l'annonce de la naissance de Cécile. Jeanne aurait envoyé un courrier à chacun de ses frères et sœurs annonçant l'arrivée prochaine d'un bébé. Une sœur lui aurait fait parvenir, pour toute

---

[36] JULIEN, Philippe, L'amour du père chez Freud, Littoral, Du père, n° 11-12 Paris, Ères, 1984, p.165

réponse, une petite carte, dont Cécile eut connaissance à l'adolescence, où seule une phrase avait été inscrite : *j'aurais préféré que l'on m'annonce ta mort plutôt que ton péché !*
Cécile définit la décision de sa mère d'*avoir un enfant seule*, comme une révolte de celle-ci à l'égard d'une famille empreinte d'une immense religiosité. Elle est convaincue d'avoir été, pour sa mère, l'outil de sa révolte. La nécessité, pour Cécile, de donner à ses relations un caractère utile, prend peut-être sa source ici.
Depuis le début de sa maladie, Cécile passe toutes ses vacances en compagnie de sa mère et de sa tante, dans une petite ville côtière dont elles sont originaires. C'est en général, l'été, alors qu'elle retrouve cette atmosphère familiale, que Cécile connaît une aggravation de son anorexie et se trouve contrainte à l'hospitalisation. Les rapports de Cécile et de sa mère alternent entre de longues périodes de calme où Cécile se refuse à contrarier Jeanne ; elle l'appelle alors chaque jour, lui rend visite au moins deux fois par semaine et passe tous les dimanches en sa compagnie ; Cécile ne nous dira jamais s'il s'agit là d'un souhait de sa mère ou d'exigences internes qu'elle s'imposerait à elle-même. À d'autres moments, lorsque Cécile *va mieux*, elle s'oblige à rompre le contact avec Jeanne. Elle ne la voit plus que de temps en temps, et s'efforce de ne pas tenir compte de son avis lorsqu'elle a une décision à prendre. Malheureusement, ces périodes de séparation sont quasiment toujours suivies d'un retour particulièrement violent à un état pathologique. Comme beaucoup d'anorexiques, Cécile est excessive et son fonctionnement en tout ou rien ne facilite pas une séparation progressive et bien acceptée.
Quelques semaines après le début de nos rencontres, Cécile nous annoncera qu'elle a rencontré un garçon et qu'une relation sentimentale s'est engagée. Sa façon de présenter la situation nous sembla teintée d'une certaine provocation :

Dans le métro, j'ai rencontré un garçon. Un Nord-africain qui n'a pas de papiers en règle. Nous avons échangé quelques mots et très vite, je lui ai proposé un mariage blanc. Il a accepté. Le lendemain, il est venu chez moi et nous avons fait l'amour. Je pensais qu'en devenant une femme, je guérirais plus vite, mais pour le moment, ça ne change rien !

Cette liaison dura quelques semaines. C'est elle qui y mit un terme. Cécile, après quelques démarches et une certaine réflexion, avait renoncé à l'engagement du mariage blanc. Elle revint donc sur sa proposition. Le garçon, malgré cela, avait manifesté le désir de la revoir, mais Cécile ne pouvait accepter l'idée qu'il eût voulu la rencontrer *sachant qu'elle ne pouvait plus rien lui apporter*. Tout au long des semaines que dura cette histoire, nous découvrîmes une autre Cécile. Comme subitement éveillée à la vie, elle s'habilla de façon plus féminine, opta pour des lentilles de contact, délaissant ses anciennes lunettes, se maquilla. Son corps sembla se redresser, son visage s'éclairer, ses gestes se mirent à parler. Pour la première fois depuis le début de nos rencontres, elle sembla aussi perdre sa raideur corporelle. Le contrôle qu'elle exerçait sur la nourriture, lui par contre, ne changea que très peu.

À peine eut-elle signifié à son ami qu'elle ne souhaitait plus le revoir, qu'elle se lança dans une nouvelle idylle. Elle rencontra l'oncle de sa meilleure amie, *un homme d'environ cinquante-cinq ans*, et l'invita sans préalable à la *raccompagner chez elle*. Ils eurent une relation sexuelle, mais l'homme, marié, ne souhaita pas donner suite à cette courte aventure. Cécile l'appela plusieurs fois, et n'accepta que très difficilement une rupture qu'elle n'avait pas choisie, cette fois. En parallèle de cette époque mouvementée de la vie amoureuse de Cécile, les relations avec Jeanne se détendirent considérablement. Cécile dira à ce sujet :

> *Depuis que j'ai mis de l'homme dans ma vie, je vis bien ma relation à maman. On se voit un peu, mais pas trop et surtout, je ne me sens pas obligée d'être là pour elle. Quand j'ai envie de lui dire non, je peux le faire. En plus, c'est miraculeux parce qu'elle comprend et moi, je ne me sens pas responsable de sa solitude.*

Notons que Cécile évoquera souvent la notion de sa responsabilité à l'égard d'autrui, mais nous n'aurons cependant jamais la conviction d'une véritable culpabilité de sa part.

Lorsque Cécile parle de son ressenti dans les moments d'intimité qu'elle partage avec ses amants, elle met nettement en avant l'idée de sécurité, de force et d'une sorte d'abandon auquel elle semble se laisser aller. Ce qui est très loin du contrôle qu'elle exerce habituellement sur tous les domaines de sa vie :

> *Même si je n'ai pas de plaisir physique, je suis bien dans les bras d'un homme. C'est fort, c'est sécurisant. Je suis complètement rassurée dans ces moments-là. Je peux même me laisser aller sans peur. Je crois ressentir quelque chose qui ressemble peut-être au bonheur. En tout cas, je ressens, ça me touche à l'intérieur de moi.*

Jeanne ne fut pas informée des aventures de sa fille. Cécile ne pouvant se résoudre à *dire ça à sa mère*.
Malheureusement, la période de rémission des symptômes de Cécile ne dura pas. Elle fut en proie à une rechute d'une

intense gravité. Plusieurs événements vinrent contrecarrer ce que Cécile commençait à ébaucher. L'oncle de son amie lui demanda de l'oublier totalement, ce qu'elle interpréta comme la justification de son auto dévalorisation : *Je suis nulle, moche et détestable, je ne vois pas comment j'aurais pu intéresser un homme comme lui !* D'autre part, le médecin-psychiatre de l'institution qui la suivait depuis douze ans, lui annonça son départ pour la semaine suivante, à ce propos, elle dira :

> *Douze ans passés ensemble et il se casse, comme ça, sans prévenir ! Sans lui, je ne serais certainement pas là aujourd'hui, et il s'en va sans que je puisse lui dire combien il a été important pour moi !*

Enfin, les vacances étaient proches et ses projets l'amenaient encore cette année, à les partager avec sa mère et sa tante : contexte particulièrement propice aux hospitalisations.
Cécile projetait pour cette rentrée, la reprise de ses activités d'enseignante. Sa rechute la maintient dans l'impossibilité d'accéder à son objectif, ce qui ravive encore un état dépressif aigu. Cécile a ressorti ses lunettes, ne porte plus de tenues féminines, son corps est de nouveau caché par des vêtements amples et sans forme. Son dos s'est recourbé et la raideur que nous lui connaissions auparavant, est revenue.

Le rapport de ce cas nous apparaît particulièrement difficile principalement, en raison du manque de matériel quant à l'enfance de Cécile. Par ailleurs, aucun rêve n'a pu être abordé ; les métaphores ne sont pas perçues en tant que telles par Cécile. Les contradictions sont fréquentes dans son discours ; les informations fournies peuvent ainsi s'annuler ou se transformer d'une semaine à l'autre. Notons aussi que nos rencontres n'ont débuté qu'assez récemment ; les

hypothèses que nous développerons ont donc été faites avec beaucoup de prudence. L'histoire de Cécile nous apparaît tel un puzzle dont il nous manquerait la plupart des pièces. Nous avons cependant choisi ce cas pour le sentiment de vide et de manque qu'il peut inspirer ; c'est justement parce que ces deux éléments occupent l'espace de nos rencontres que nous avons supposé que l'histoire de Cécile ne pouvait s'inscrire que par le vide et par le manque. Ce que nous ressentons comme néant n'est-il pas ce que Cécile projette de son monde intérieur ?
Nous avons relevé, chez Cécile la prédominance de l'aspect obsessionnel. Les rituels, la fuite devant l'imprévu, le caractère compulsif des vols et des bains de bouche, la volonté de contrôle absolu et l'angoisse ressentie lorsque cette maîtrise semble lui échapper nous amèneraient à penser que nous sommes là, en présence d'une névrose grave. C'est ce système de défense de type obsessionnel qui se révèle encore dans le retour de l'angoisse, lorsque celle-ci tente d'alléger la rigueur des rituels. Tout imprévu, toute perturbation des habitudes fragilise la défense du Moi de Cécile et provoque une incontrôlable panique.

Parler de l'aspect structurel de Cécile nous est difficile sans prendre un risque important. Certains diraient peut-être, que Cécile, avec ses obsessions, son délire d'auto dévalorisation, sa perception erronée de la réalité de son corps, l'anesthésie émotionnelle nous apporte des présomptions suffisantes pour ébaucher l'idée d'une psychose. Nous ne sommes pas sûrs que cela puisse s'évaluer aussi facilement.

Au fil de nos rencontres, un détail récurrent nous frappa : lorsque Cécile parle d'autrui, elle n'emploie de prénoms que s'il s'agit de femmes. Elle nommera Mounia, sa meilleure amie, Mme R., sa nutritionniste, Maud, sa tante, Michelle, la gardienne de son immeuble, et d'autres encore. Aucun des hommes dont Cécile parlera ne sera nommé ou prénommé, mais la plupart du temps se verra réduit à sa fonction ou à sa particularité sociale ; ainsi, reviendront dans son discours, son premier amant : le *sans-papiers,* son second amant : *l'oncle de Mounia,* le jeune homme qui s'occupait d'elle petite : *le Chilien,* le psychiatre de l'institution : *le psy,* son oncle : *le saint,* le grand-père : *le père de sa mère,* et son père : *son géniteur* ou *l'ancien compagnon de sa mère.* Si forclusion il y a, elle se révèlerait ici dans le réel : le Nom du Père et de l'homme en général n'est jamais prononcé.

La probabilité d'une fixation au stade anal du développement de la libido, chez Cécile trouve aussi son expression dans les manipulations qu'elle exerce dans le but de contrôler l'expulsion des matières fécales. Nous ignorons si sa mère ou sa tante ont exercé, sur Cécile enfant, des manipulations similaires, par exemple par le biais de lavements ou de diverses pratiques à visée hygiénique. Par ailleurs, les notions de dons et d'échange s'avèrent d'une importance capitale dans les relations qu'elle établit avec autrui. Petite déjà, elle apprend le français au Chilien *en échange,* dit-elle avec fierté, mais en échange de quoi ? Lorsqu'elle rencontrera le *sans-papiers,* elle offre le mariage blanc, mais qu'achète-t-elle à ce moment-là ? Plus tard, refusant désormais le mariage, elle prétend que continuer à le rencontrer n'aurait plus de sens, serait-ce parce qu'elle considère alors qu'il n'y a plus d'échange ?
L'aspect compulsif des bains de bouche nous semble s'inscrire, tout comme les manipulations anales, dans un souci de vidage, de nettoyage. Ce qui entre ou sort de son corps doit rester sous son contrôle.
Nous préciserons que le caractère phobique chez Cécile apparaît plutôt en relation avec le tableau obsessionnel, déjà observé, qu'avec une défense de type purement névrotique.

On ne peut donc pas parler ici, selon nous, de véritable phobie.

À propos de la cleptomanie de Cécile, nous avons, dans un premier temps, considéré cela comme un des signaux en relation avec cet aspect anal de sa pathologie, dans le sens de la maîtrise, du *prendre*, du *s'emparer de,* sans l'accord de l'autre. Plus tard, lorsque Cécile précisera qu'elle ne s'arrête qu'après l'intervention d'un surveillant de magasin, nous y avons vu la probabilité d'une recherche de limites. Cécile ne provoquerait-elle pas ainsi l'intervention d'un homme censé l'arrêter dans son excursion au-delà de la loi ? Ces larcins répétés ne pourraient-ils s'apparenter à un appel au père, encore une fois ici, exprimé dans le réel et non dans l'ordre du symbolique ? Cette cleptomanie pourrait également nous renvoyer aux fruits défendus du grand-père. Ce grand-père qui faisait pousser de beaux fruits suscitant l'envie, fruits de la tentation par lesquels arriveront le châtiment, la punition. L'admiration que voue Cécile à un homme qui apparaît comme une personne d'une grande rigidité, n'irait-elle pas dans le sens de sa quête de limites internes. La négation de la métaphore paternelle n'aurait-elle pas eu pour conséquence de ne pas canaliser, de ne pas délimiter le Moi embryonnaire de Cécile ? L'admiration pour un homme qui dicte sa loi et la provocation des vigiles du magasin, ne pourraient-elles pas être vues comme les témoins de cette recherche ?

La déclaration de Cécile relative à son père *qui aurait pu être un autre,* évoque, selon nous, la façon dont elle perçoit cet homme-là démuni, vidé, privé de sa fonction paternelle ; fonction échangeable à souhait, ne lui appartenant pas personnellement. Elle confirme par cette mouvance possible de l'identité paternelle, la non-reconnaissance des particularités propres de celui-ci. Il est son père parce qu'on lui a dit et non parce qu'elle le reconnaît comme tel. Nous remarquerons, par ailleurs, l'investissement particulier de certaines figures masculines telles que le grand-père qu'elle décrira comme un homme dur, mais formidable, son oncle qui semble être pour elle un modèle de perfection, l'oncle de son amie qui deviendra son amant ; ce choix n'est certainement pas anodin : il est un oncle aussi, d'âge mûr, et il n'est pas accessible non plus puisqu'il est marié. Enfin le psychiatre dont elle précisera que *sans lui, elle ne serait pas vivante.* De qui peut-elle dire cela si ce n'est de l'un de ses parents, seul véritable individu à qui elle pourrait devoir la vie ?

Nous soulignerons également la répétition d'un rôle déjà tenu avec le Chilien de son enfance : Cécile lui a appris le français et c'est ce qu'elle réitère aujourd'hui par les cours d'alphabétisation qu'elle dispense aux étrangers illettrés. N'oublions pas non plus que Cécile est enseignante. Nous pourrions voir ici un investissement particulier de la transmission de la parole, du savoir, des mots.

Le noyau mélancolique ne fait ici, que peu de doute. Cécile parle souvent d'une chose puissante qui la détruit de l'intérieur. Elle définit cette chose comme une entité qui juge chacune de ses actions et dirige sa vie. Dans *Deuil et mélancolie*, Freud nous dit que *la mélancolie se présente sous des formes cliniques diverses (...) parmi lesquelles certaines font penser plutôt à des affections somatiques qu'à des affections psychogènes*[37].

Dans sa description de la mélancolie, Freud dresse un portrait ressemblant à ce que nous pouvons observer dans le cas de Cécile. Ainsi, il caractérise la mélancolie par une :

> *Dépression profondément douloureuse, une suppression de l'intérêt pour le monde*

---

[37] FREUD, Sigmund, Métapsychologie, Deuil et mélancolie, Paris, Gallimard, Folio Essais, 1968, p.145.

> *extérieur, la perte de la capacité d'aimer, l'inhibition de toute activité et la diminution du sentiment d'estime de soi qui se manifeste en des autoreproches et des auto-injures et va jusqu'à l'attente délirante du châtiment.*

En ce qui concerne Cécile, nous pourrions considérer son anorexie comme une façon de provoquer le châtiment en question. Freud voit la mélancolie comme un deuil auquel la notion de perte d'estime de soi se superposerait ; cet élément serait, en effet absent dans le deuil normal. Freud marque aussi la différence suivante : dans le deuil, rien n'est inconscient alors que la mélancolie se soustrairait à la conscience. N'est-il pas question, chez Cécile d'une inconscience quant à la perte ou au manque de l'objet ? Par ailleurs, si dans le deuil, c'est le monde qui devient pauvre, dans la mélancolie, ce serait plutôt le Moi qui se viderait de sa substance. Relativement au retrait de la libido de l'objet aimé postulé dans la mélancolie, Freud parle d'un *préjudice réel* ou d'une *déception* de la part de la personne précédemment investie. Cette libido désinvestie aurait :

> *Servi à établir une identification du moi avec l'objet abandonné. L'ombre de l'objet tomba ainsi sur le moi qui put alors être jugé par une instance particulière comme un objet, comme l'objet abandonné. De cette façon, la perte de l'objet s'était transformée en une perte du moi et le conflit entre le moi et la personne aimée en une scission entre la critique du moi et le moi modifié par identification.*

Les éléments décrits par Freud apparaissent dans l'expression de la maladie de Cécile : la déception, que nous supposons liée à un père réel préhistoriquement investi et idéalisé puis à la carence de la fonction paternelle. Nous pouvons également observer la perte du moi qu'un système défensif, très opérant, tente tant bien que mal de restaurer ; enfin apparaît l'entité qui juge, qui critique dont parle souvent Cécile et qui s'apparenterait à une partie du moi, après la scission en deux entités distinctes. Il est d'ailleurs très fréquent, d'entendre les malades évoquer ce clivage, cette coexistence d'une sorte de moi dédoublé.

La gestion impossible de l'ambivalence et le fonctionnement anaclitique de l'anorexique peuvent peut-être renvoyer à cette dichotomie du moi. L'école kleinienne qualifiera ce phénomène de *dédoublement des imagos* : le sujet ne pouvant avoir recours au refoulement qui demande un fonctionnement trop génital, aurait recours à cette défense.

Nous relèverons aussi que l'instance qui juge, qui punit chez Cécile, ne nous semble pas s'apparenter à un surmoi qui marquerait la résolution plutôt satisfaisante d'un complexe d'Œdipe ; elle nous apparaît bien plus comme le résultat d'une identification du Moi à un objet extérieur, comme une entité autonome prise au-dehors et collée au-dedans. Cet Idéal du Moi se serait formé jadis par l'appropriation de modèles externes non subjectivés et continuerait encore aujourd'hui à opérer chez Cécile, en lieu et place d'un Surmoi construit, intériorisé. Il ne nous semble pas évident que Cécile ait pu atteindre le stade génital de son développement libidinal. Si Élise, elle, est restée en panne sur le parcours œdipien, nous doutons fort que Cécile y ait eu accès.

Cécile semble faire preuve d'une abnégation totale d'elle-même. Elle prendrait de l'autre pour combler son vide et ce serait souvent auprès des hommes qu'elle tenterait de trouver sa matière. Cependant, la perpétuation de la symbiose mère/enfant est incontestable dans sa relation à Jeanne.

Ainsi, Cécile se punit sévèrement après chaque tentative de séparation d'avec Jeanne ; trouverait-elle encore, par l'intégration d'un tiers masculin dans cette dyade, la force de s'émanciper de sa mère ? C'est peut-être ce qu'elle tenta, en inaugurant des relations sentimentales avec le *sans-papiers* et avec *l'oncle de Mounia*, mais la relation amoureuse avec son quota d'imprévus, d'émotions et d'engagements s'avérera encore trop angoissante et renverra Cécile à la protection que lui procurent à la fois la proximité de Jeanne et la maladie.

Nous pouvons aussi relever certains paradoxes concernant Jeanne et sa sœur : Cécile les considère comme de *grandes militantes féministes* ; mais, elles qui *n'ont pas besoin d'hommes* n'en feront pas moins appel au jeune chilien pour s'occuper de Cécile. Ce rejet de l'Homme nous interpelle quant à sa connotation de toute-puissance, de supposition d'une sorte d'auto-engendrement possible.

D'autre part, la mère et la tante de Cécile réduisent au besoin le rôle des hommes dans leur vie, ne peut-il être question de désir chez ces deux femmes ? Que pouvait-il en être du désir de Jeanne ? Et puis, à qui a-t-elle fait un enfant ? N'oublions pas que Jeanne fit le choix d'être *fille-mère* comme il se disait autrefois ; elle fut ainsi, simultanément fille de son père et mère de sa fille. Elle, qui chassa le géniteur de Cécile, à qui offrit-elle cette enfant ? Au profit de qui, priva-t-elle de sa fonction, celui qui aurait pu donner à Cécile l'envie de devenir une femme ? Nous avons bien peu d'éléments sur l'histoire de Jeanne, il ne nous sera donc pas possible d'ébaucher de plausibles réponses à ces différentes interrogations.

Le dictionnaire que Cécile souhaitait acquérir pour se rassurer, petite, en compagnie du Chilien, nous apparaît comme symbolisant un désir de lien *parlé* avec celui-ci.

Déjà, peut-être, le vide de mots quant à l'Homme avait édifié en Cécile, les premières pierres de sa prison interne.

Aujourd'hui Cécile traverse une rechute particulièrement sévère. Elle est retournée vivre provisoirement chez sa mère. Cécile refuse désormais nos entrevues, ne se présente plus à ses consultations hospitalières. Pour la première fois, elle se bat contre l'idée d'une nouvelle hospitalisation, elle refuse toute alimentation et dit vouloir en terminer avec *cette histoire qui n'a aucun sens*. Nous pensons que cette *histoire*, qui est la sienne, aurait pu trouver son sens si elle n'avait pas été abandonnée à l'univers maternel, si un tiers avait su captiver son attention, si un père avait pu relever le défi lancé par Jeanne à sa famille, dont Cécile devint peut-être le premier instrument.

CHAPITRE III

SOLÈNE
ET LE PÈRE DIABOLISÉ

Solène a vingt-deux ans. Son anorexie a débuté il y a deux ans. Lorsque nous faisons sa connaissance, elle vit au foyer de ses parents bien que ce ne fut pas toujours le cas. En effet, un an avant le début de la maladie, Solène avait emménagé avec son frère, de deux ans son aîné, dans un appartement qu'ils avaient pris en commun. L'anorexie de Solène est uniquement restrictive, elle ne fut donc jamais concernée par le versant boulimique de la maladie. Elle s'impose un régime draconien qui ne doit pas dépasser de quelques calories la quantité journalière qu'elle s'autorise pour ses besoins vitaux. Solène est hyperactive et malgré ses quarante kilos, chaque jour est ponctué d'une séance de vélo d'appartement, d'une longue marche, d'exercices de musculation et parfois d'une séance de piscine. Solène a donc des journées particulièrement chargées puisque, par ailleurs, elle travaille à plein temps. C'est au moment où elle devint financièrement autonome qu'elle décida de suivre son frère dans la location d'un appartement.
Solène a été hospitalisée pendant trois mois l'année dernière. Elle avait atteint un poids de trente-six kilos, pour un mètre soixante-douze, qui mettait en danger son état physique et perturbait gravement son fonctionnement

psychique. À propos de cet état antérieur, elle dira : *je ne me sentais plus moi, je n'étais plus vivante, tout marchait au ralenti, même mes pensées.* C'est certainement ce ralentissement des pensées qui fit que Solène acceptât l'idée de l'hospitalisation de longue durée. En effet, comme beaucoup d'anorexiques, Solène est très soucieuse de ses performances intellectuelles et ne peut concevoir une diminution de ses capacités mentales. La pression de ses parents aidant, elle s'était donc pliée aux exigences d'un contrat de poids et des obligations accessoires. Au cours de cette séparation forcée d'avec sa famille, Solène dit *s'être reconstruite.* Elle prit près de treize kilos qu'elle accueillit plutôt bien, dans un premier temps. À sa sortie de l'institution, Solène se disait *guérie* et souhaita interrompre tout traitement. Elle tenta tout de même, sur l'insistance de ses parents, de poursuivre une psychothérapie commencée à l'hôpital, mais après quelques rendez-vous avec deux thérapeutes différents, prit la décision de ne pas les revoir. Selon elle, *ils ne parlaient pas, ils la laissaient seule avec ses problèmes et cela ne servirait à rien d'insister.* La rechute se produisit très rapidement, en six mois, elle avait de nouveau perdu dix kilos.

Lors de notre première rencontre, elle nous prévint d'emblée qu'elle n'avait pas envie de venir et qu'elle le faisait d'abord pour ses parents, mais aussi parce qu'elle pensait que c'était peut-être *le moyen d'éviter une deuxième hospitalisation* dont il commençait à être question. Retourner à l'hôpital serait, dit-elle un *échec* qu'elle ne peut envisager. Elle prétend qu'elle *décevrait tout le monde* et *qu'elle ne peut ni accepter d'être déçue, encore moins de décevoir.*

Nos premières rencontres furent donc particulièrement importantes et décisives : il fallait d'une part, établir un climat de confiance, une alliance qui l'inciterait à venir, non plus pour ses parents, mais pour elle, tout en la préparant à l'idée d'une éventuelle hospitalisation, malgré un travail psychothérapeutique ; son état de santé ne permettant pas beaucoup d'espérer une prise de poids rapide et spontanée.

Avant la maladie, Solène se décrit comme une adolescente insouciante, sans problèmes, entourée de nombreux amis, aimant sortir et s'amuser. Elle dit aussi ne jamais avoir eu, enfant, de relation difficile avec la nourriture. Elle déclarera qu'ayant *tout pour être heureuse*, elle *ne comprend pas pourquoi elle est devenue anorexique*. Elle évoque tout de même, un événement particulier qui a précédé l'entrée dans la maladie.

Elle relate ainsi que son frère, avec qui elle partageait l'appartement, *s'était amouraché d'une fille et que leur relation prenait l'allure d'une histoire sérieuse.* Elle dit avoir vécu cette aventure sentimentale de Pierre comme un véritable abandon. Celui-ci aurait invité son amie à dîner un soir où Solène ne sortait pas ; ainsi, ils se seraient retrouvés tous les trois, à table et elle n'aurait pas supporté cette *situation sordide*. Elle précise avoir ressenti une immense colère mêlée à un profond chagrin. L'amie de son frère, se faisant de plus en plus présente, Solène aurait décidé, quelques semaines plus tard de retourner vivre chez ses parents. C'est à ce moment précis qu'elle aurait entamé un régime drastique. Au fil de nos rencontres, nous apprendrons qu'avant l'entrée en scène de l'amie de Pierre, deux autres événements, qu'elle considère cependant comme *n'ayant pas de rapport avec son anorexie*, l'auraient également bouleversée.

Le premier dont elle parlera se déroule dans son cercle d'amis ; invitée à une soirée où elle devait les retrouver, elle se serait entendue dire par l'un d'eux, qui ne l'avait pas vue depuis quelque temps, qu'elle *resplendissait de beauté et que ses formes nouvellement acquises la rendaient encore plus attirante*. Elle dit avoir éprouvé une *gêne immense* et s'être sentie très coupable d'avoir provoqué, chez ce garçon, ce qu'elle appelle une *excitation malsaine*.

Plus tard, elle relatera une scène encore antérieure : Solène venait d'avoir son bac et son frère avait réussi un concours d'entrée dans une grande école. Leurs parents, désireux de les récompenser, avaient organisé une croisière sur le Nil où ils se rendraient tous les quatre. Lors de ce séjour, les choses *tournèrent mal*. Solène raconte qu'un conflit s'était engagé entre son père et Pierre, mais elle dit aussi en avoir totalement oublié la raison. Elle précise que *de toute façon, ce ne devait pas être très important, car ce conflit était perpétuel entre eux*. Elle continue en précisant qu'elle partageait alors la même cabine que son frère ; elle relate qu'un soir, elle se préparait à rejoindre ses parents pour le dîner ; pour l'occasion, elle aurait mis une nouvelle robe, une *vraie robe de femme qui dessine le corps*. La voyant sortir de la salle de bains, Pierre aurait posé un *étrange regard* sur elle. Solène pleure à l'évocation de ce souvenir :

> *C'était monstrueux, Pierre me regardait comme un homme regarde une femme ; je ne me souviens pas avoir ressenti plus grande honte que ce soir-là. Je fus terriblement surprise : mon frère regardait mes formes. Il pouvait deviner mes seins et mes fesses à travers ma robe. Comment mon frère, dont j'étais si proche, pouvait-il me faire ça ?*

Solène ajoutera que, ce fut d'ailleurs ce jour-là, que le conflit entre Pierre et son père avait éclaté. Cette situation tendue aurait, selon elle, eu pour effet que le petit groupe se divisât et ne partageât plus aucune activité durant toute la croisière. Elle dit : *c'était comme si nous avions formé deux couples, mes parents d'un côté, mon frère et moi de l'autre parce que, bien sûr, j'avais pris le parti de Pierre.*
Lorsque Solène parle de ses relations à Pierre dans l'enfance, elle affiche une admiration sans bornes. Elle dit

qu'il était toujours là pour elle, qu'il savait la protéger, qu'il l'emmenait partout avec lui et que leur complicité était immense. Elle se souvient avoir passé des heures entières à le regarder jouer ou faire ses devoirs tant elle le trouvait beau et l'avoir écouté de très longs moments, toujours étonnée de son intelligence.

Après quelque temps, Solène confirmera donc qu'un mal-être préexistait à son anorexie, qui ne débuta effectivement qu'après ce que Solène appelle *l'abandon de Pierre.*

Solène décrit sa mère comme très proche de ses enfants. Elle ne s'étendra cependant jamais trop sur la question de sa mère. Elle qualifie leur relation d'un peu trop *intime, mais plutôt normale.* Elle dira :

> *J'aime bien être avec elle, mais nous pouvons être séparées sans que cela me pose problème. Quand je vivais avec mon frère, je voyais mes parents environ une fois par semaine. C'était bien. C'est vrai que ma mère est une mère poule, mais pas plus que les mères de mes amies.*

Plus tard, dans le temps de nos rencontres, Solène reviendra sur cet avis et précisera que désormais, elle se rend compte que la proximité de sa mère l'*embarrasse*, l'empêche de préserver son jardin secret. Elle dit se sentir *anormalement coupable* si elle ne justifie pas tous ces actes auprès de ses parents. À vingt-deux ans, Solène ne peut aller dîner avec quelqu'un sans qu'elle se considère obligée de leur dire avec qui. Elle désapprouve maintenant l'aspect de camaraderie qu'ont pris les relations avec sa mère. Elle déclare que ce n'est pas un *rôle normal de mère* que celui de faire des confidences à sa fille sur sa vie privée. Elle prétend que désormais cela l'ennuie, qu'elle préférerait *prendre quelques distances*.

Lors de notre première entrevue, Solène déclarera à propos de son père : *moi, je n'ai pas eu de père !* Après un temps d'hésitation, elle ajoutera *: enfin, je considère ne pas en avoir eu !*
Il faudra plusieurs rencontres pour que Solène parle encore de son père. Le sujet apparaît comme sensible et très fréquemment elle *dira mon frère* à la place de *mon père*. Elle fera même un jour le lapsus suivant : *il y avait longtemps que je voulais me rapprocher de mon Pierre !*
Solène explique qu'elle a toujours beaucoup craint son père. Elle le dépeint comme un homme rude, s'énervant très facilement. Elle lui prête des accès de violence injustifiée. Elle se souvient de scènes où ses parents se disputaient ; elle dit que les conflits démarraient souvent à propos de détails anodins, mais que les altercations qui s'en suivaient, elles, n'étaient pas banales. Plusieurs fois, le père aurait, devant ses enfants, menacé son épouse de *la tuer si elle n'arrêtait pas*. Pour *éviter de faire un malheur*, le père quittait violemment le domicile pour ne revenir qu'une fois calmé. Solène situe ces premiers souvenirs vers l'âge de quatre ou cinq ans. Elle ne sait plus très bien ; ces réminiscences surgissent comme des images qu'elle découvrirait elle-même, à l'instant où elle les rapporte. Elle précisera que son enfance fut jalonnée d'altercations de ce genre, entre ses parents. Elle se souviendra notamment d'un soir, où, lors du repas familial, le père, très énervé, aurait frappé très fort le poing sur la table en hurlant qu'*il allait finir par quitter tout le monde* ; il aurait joint l'acte à ses menaces et serait parti durant de longues heures pendant lesquelles sa mère, son frère et elle, se demandaient s'ils ne venaient pas de *le perdre pour toujours*. Solène se souvient de l'ambivalence de ses sentiments d'alors :

> *À la fois, j'étais tétanisée, j'avais peur de ce qu'il pouvait faire, peur qu'il ne revienne pas ; je craignais pour lui, mais aussi pour nous, car je pensais que nous devrions vivre sans lui et d'autre part, j'éprouvais un sentiment de grande satisfaction, peut-être même de jubilation : il était enfin parti, nous étions seuls tous les trois, il n'y aurait plus de cris, plus de portes qui claquent, plus de haine, et notre mère ne serait plus menacée.*

Mais les colères de son père n'auraient certainement pas eu les mêmes conséquences pour Solène si elles ne s'étaient pas, avec le temps, assorties d'actes de violence à son encontre. Elle relatera plusieurs scènes où, *parce qu'elle pleurait*, son père se mettait à la poursuivre et lui administrait de grandes claques sur les fesses et les cuisses. Ainsi, elle raconte l'une de ces scènes :

> *Il ne supportait pas que je pleure. Ça le rendait fou furieux. Un jour, il me poursuivit jusque dans ma chambre où je m'étais enfermée. J'étais terrorisée. J'entends encore le bruit de ses pas anarchiques dans les escaliers et les coups de poing qu'il donnait dans la porte. Il menaça de me tuer si je ne lui ouvrais pas. Mais je ne pouvais pas bouger tellement j'avais peur. Alors à grands coups de pied, il força ma porte. Il m'attrapa, me fit tomber sur mon lit et me donna une vingtaine de grandes claques sur le haut des cuisses. Je me souviens encore des bruits, surtout les bruits et une phrase qu'il répétait sans cesse en me frappant : « Au moins, tu sauras pourquoi tu pleures ! »*

Solène est bouleversée au souvenir de cette scène. La peur se lit dans ses yeux. Jusqu'à la fin de notre entrevue, elle ne cessera de se passer les mains sur le haut des cuisses comme pour calmer son ancienne douleur. Elle expliquera qu'il en était ainsi dès qu'elle se laissait aller à pleurer, même lorsque son père n'était pas impliqué dans la raison de sa tristesse. Solène dira souvent de ce moment-là qu'elle *sentait bien qu'il prenait du plaisir à la frapper*. Elle exprimera aussi sa rancœur passée, son dégoût pour son père :

> *Quand il venait me dire au revoir, le soir alors que j'étais déjà couchée, rien que d'entendre ses pas dans l'escalier, me rendait malade. Je le haïssais, je ne voulais pas qu'il m'embrasse, cela me semblait hypocrite de sa part de venir me voir alors qu'il m'avait frappée dans la journée, je ne supportais pas son contact. Quelquefois, il m'effleurait le bras ou passait sa main sur ma joue et je me raidissais. Je savais qu'il avait remarqué, alors après je m'en voulais. C'était horrible. Dès qu'il était redescendu, je me levais, je courais à la salle de bains et me frottais frénétiquement la joue qu'il avait embrassée avec un gant de toilette. Il fallait que je me nettoie de cet homme !*

Solène explique que c'est pour ces moments-là qu'elle souhaitait parfois que son père ne revienne pas d'une de ses *promenades apaisantes*. Elle dit aussi que sa mère, Pierre et elle se sentaient très solidaires dans ces moments difficiles. Sa mère aurait de nombreuses fois déclaré, en l'absence de son mari, qu'*il pouvait aller au diable*, qu'*ils en seraient bien débarrassés, tous les trois s'il ne revenait jamais*. Elle aurait parfois ajouté : *malheureusement, les enfants, il va*

revenir : il est incapable de vivre seul ; il est bien trop lâche pour aller jusqu'au bout de ses menaces.
Par contre, Solène explique que sa mère ne s'engageait jamais en présence de son mari. Solène précise qu'après une fessée de son père, elle s'arrangeait toujours pour montrer à sa mère les traces rouges sur ses cuisses. Sa mère aurait souvent réagi par une étrange indifférence. Solène se serait souvent entendu dire : *ce n'est pas si grave, allez ne te plains pas, ça va passer.*

Sur la branche maternelle de la famille de Solène, nous savons que sa grand-mère vécut plusieurs années en leur compagnie. Un échange aurait été conclu entre la mère de Solène et sa propre mère : celle-ci leur donnait sa maison en échange de quoi, ils la prenaient en charge jusqu'à sa mort. Ce qui fut fait. Solène se souvient d'une relation très difficile entre sa mère et sa grand-mère. Elle dira : *je servais d'intermédiaire ; elles ne pouvaient pas se parler ; elles ne se comprenaient pas. Leurs échanges passaient toujours par moi. Je me prêtais d'autant plus à ce jeu que je ne supportais pas leurs cris.*
Solène ne mentionnera jamais l'existence d'un grand-père maternel.

Du côté paternel, une grand-mère est évoquée. Solène suppose que son père n'eut jamais d'excellents rapports avec sa mère. Elle dit que c'est à contrecœur qu'il se rendait chaque dimanche, avec toute la famille, visiter cette vieille femme dans la maison de retraite où elle séjournait. Solène se souvient particulièrement de la conduite nerveuse de son père lorsqu'il faisait ce trajet : *c'est comme ça que je savais qu'il n'aimait pas lui rendre visite. Je reconnaissais sa façon de passer les vitesses, de freiner. Quand il conduisait ainsi, je me mettais à avoir terriblement peur. Je me suis souvent sentie en danger avec lui.*

Il ne fut pas non plus question d'un grand-père paternel, dans le discours de Solène.

Nous avons donc ici, dans le récit de la jeune fille, le portrait d'un père effrayant, insécurisant par ses comportements impulsifs très souvent gouvernés par ses relations conflictuelles et l'expression de sa violence.

Mais ce que nous relèverons aussi de ce portrait, c'est la vision que Solène en a aujourd'hui. Elle prétend que son père n'est plus le même homme ; qu'il a énormément changé, que le père violent du passé n'existe plus. Elle répétera à plusieurs reprises qu'elle ne peut s'imaginer que son père d'aujourd'hui et le père de son enfance ne fassent qu'un. Elle justifie cette métamorphose par la mort de sa grand-mère paternelle qui aurait entraîné *une prise de conscience chez son père*. Il se serait calmé à cause *d'une dépression sévère qui lui aurait donné une leçon de vie*. Solène décrit son père d'aujourd'hui comme un homme calme, plutôt serein, voire même compréhensif. Elle attribue leurs nouveaux rapports à son anorexie : *depuis que je suis malade, il se met plus à ma portée, il m'écoute*. Elle reconnaît que si le dialogue n'est pas encore très facile entre eux, c'est de son fait, à elle. Elle n'oserait pas lui parler ; elle aurait toujours peur de le contrarier et de déclencher une colère, un énervement. Solène explique qu'à ce sujet, depuis peu, elle a fait de grands progrès :

> *L'autre jour, nous partions faire des courses, mon père déteste faire les courses, j'ai senti son agacement encore une fois, à sa manière de conduire ; j'ai eu très peur, comme autrefois, mais je lui ai dit. Je m'attendais au pire, mais il m'a rassurée, il m'a dit qu'il était un peu tendu, mais que cela n'avait rien à voir avec moi et que je n'avais rien à craindre.*

Désormais, Pierre a sa vie. Il habite maintenant avec son amie. Solène n'accepte pas. Elle ne peut comprendre comment il a pu la *laisser tomber ainsi.*
À chacune de nos rencontres, elle passera de longs moments à exprimer sa peine. Elle croit qu'elle peut revenir à une situation révolue du temps où l'un et l'autre ne se quittaient pas. Elle dit qu'il est toujours *son frère adoré, mais déplore de n'être plus rien pour lui.*
Elle se souvient, avec beaucoup de nostalgie des moments où, en soirée, au restaurant, elle surprenait dans le regard des autres la conviction qu'ils formaient un couple, *qu'ils étaient ensemble*. Elle prétend avoir éprouvé un immense plaisir, une grande fierté, à s'imaginer la concubine de Pierre aux yeux d'autrui. Mais Pierre, lorsqu'il se rendait compte de la méprise, s'empressait de l'appeler, haut et fort *ma petite sœur chérie* ou encore *sœurette*. Elle se souvient de la colère qu'elle ressentait alors, de la sensation d'être *une honte pour son frère* puisqu'il ne pouvait accepter qu'on les suppose amants. Elle considérait ces réactions de Pierre *comme une fuite, comme un refus de leur intimité.*
Il semblerait que Pierre ait effectivement mis une certaine distance entre sa sœur et lui. Il lui aurait expliqué clairement qu'il était persuadé que leur ancienne relation n'était pas normale, qu'ils étaient beaucoup trop proches et qu'en entretenant cela, ils ne pourraient jamais devenir autonomes. Il lui aurait nettement signifié son désir de voir leur chemin se désolidariser. Solène interprète inlassablement les propos de Pierre comme un véritable abandon. Cette conviction vient alimenter le peu d'estime qu'elle a d'elle-même. Solène voue une haine farouche à la compagne de son frère qu'elle ne perçoit qu'en tant que rivale : *j'évite de la rencontrer, je ne la supporte que pour ne pas trop froisser Pierre et puis ils sont presque toujours ensemble donc si je veux le voir, lui, il faut bien que je la rencontre, elle aussi.*

À plusieurs reprises, Solène prétendra que son frère s'éloigne à cause de son anorexie. Elle dira même que la maladie, qu'elle a certainement provoquée pour retenir son frère, pour rester dans leur univers commun de l'enfance, avait en fait, eu pour seul résultat de le faire fuir. Solène pense qu'il ne peut pas supporter la vue de sa maigreur, *car il se saurait responsable quelque part.*

Au tout début, Solène disait *ne jamais rêver* puis petit à petit apparurent des souvenirs de rêves qu'elle s'empressa de rapporter. Elle les notait dans un petit carnet prévu à cet effet, de crainte de les oublier.

Le premier de ses rêves mettait en scène des enfants nus et décharnés. *Beaucoup d'enfants qui se sauvaient.* La scène se déroulait sur le sommet d'une colline. Elle ne se voyait pas dans son rêve, mais y était en tant que spectatrice ; tous les enfants étaient des inconnus. Elle dit que les enfants s'étaient mis à courir très certainement *après l'avoir vue.* Elle insista longuement sur la maigreur des enfants, sur leurs os apparents, sur leur *transparence* ; mais aussi sur la frayeur qu'elle pensait leur avoir inspirée. Elle dit qu'elle se souvient avoir eu très envie de les retenir, mais qu'elle n'en fit rien. Elle ajouta qu'elle *comprenait* qu'ils aient eu peur. Au moment où elle rapporte ce rêve, elle dit ne rien y comprendre et ne verra aucune interprétation possible.

Il est un autre rêve que nous rapporterons ici. Celui-ci arrivera bien plus tard : Solène est dans un téléphérique avec son frère. Ils montent, entourés d'une foule d'inconnus. Au-dessous se déroule un paysage de neige à perte de vue. Solène insiste particulièrement sur la blancheur de l'horizon et sur le peu de relief malgré la montagne où ils sont censés monter. Tout se passe bien, puis soudain, le câble qui soutient la cabine se casse. La chute est inévitable. Le regard de Solène croise celui de Pierre. La cabine commence sa chute, mais au ralenti. Ils se regardent toujours et Pierre lance : *ne t'inquiète pas, si je tends le bras, on est sauvés*. Un bruit étrange se fait alors entendre, un bruit sourd et saccadé. Le bruit se rapproche, Solène a peur, car elle sait déjà que l'origine de ce bruit va empêcher Pierre de mettre son plan de sauvetage en place (de tendre le bras). Une créature effrayante fait alors son apparition, gigantesque, d'une *force démoniaque*. La créature arrête la chute de la cabine. Maintenant, elle tient entre ses mains la vie de tous les occupants. Elle dispose d'un grand *pouvoir* : soit elle lâche la cabine qui va s'écraser au sol, soit elle lui permet de terminer sa course en réparant le câble. Elle ne choisira ni l'une ni l'autre des solutions, mais dira aux otages du téléphérique : *ce n'est pas la peine de tendre le bras, je peux tous vous ramener en bas, dans la vallée*. Solène dit s'être éveillée brutalement de ce rêve en criant : *non, pas en bas, pas en bas, surtout pas en bas...*

Au moment où nous relatons ce cas, Solène se prépare à une nouvelle hospitalisation qui doit intervenir dans les prochains jours. Elle a pris elle-même cette décision et ne considère plus cela comme un échec, mais comme une étape de sa guérison. Elle accepte maintenant que la rechute fasse partie de son chemin, dans la lutte contre la maladie. Elle ne cesse, en parallèle, de modifier sensiblement les rapports à ses parents. Solène tente progressivement de mettre une certaine distance entre sa mère et elle, de délimiter plus clairement son périmètre personnel. Elle dit vouloir devenir plus autonome. Son objectif, en acceptant de bon gré cette hospitalisation, est de reprendre le poids qui lui permettra d'affronter encore plus efficacement les épreuves et les pièges de l'anorexie. Le seul aspect qu'elle considère encore comme *impossible à envisager*, c'est le deuil de sa relation passée à son frère. Elle dira lors de notre dernière entrevue : *peut-être bien qu'après, j'y arriverais. Quand on se reverra, il faudra reprendre l'histoire à cet endroit, là où ça me fait si mal...*

Pour débuter nos observations, nous remarquerons que le partage de vie avec des frères ou des sœurs n'est pas rare dans le parcours des anorexiques. L'autonomisation et le renoncement au cercle familial étant souvent difficilement vécus, il s'agirait peut-être là d'une sorte de compromis, permettant à la personne de s'éloigner, sans pour autant se couper de l'ambiance familiale. La présence de l'autre soulageant par ailleurs des nouvelles responsabilités, conséquences d'un quotidien autonome. Dans le cas de Solène, s'ajoute certainement à ces motivations, son souhait de perpétuer sa relation amoureuse à Pierre.
Rappelons que Solène ne fera jamais allusion ni à un grand-père maternel ni à un grand-père paternel. Ainsi, la famille apparaît comme amputée de ses racines masculines sans que cela ne semble interpeller la jeune fille.

Nous remarquerons, bien sûr, que dans ce cas, nous ne sommes pas en présence d'un père maternant, infantilisé décrit comme doux, gentil et compréhensif, mais au contraire d'un père depuis longtemps perçu comme, craint, redouté. Il est probable que la déception de Solène à l'égard du père qu'elle avait nourri dans son imaginaire puisse être née de cette violence, empêchant tout rapprochement œdipien. Solène aurait ainsi reporté sur son frère, plus âgé, l'idéalisation qu'elle aurait logiquement dirigée vers son père. Pour ce qui est de la notion de limite, on devine la rigueur avec laquelle elle fut certainement posée par un père autoritaire qui punit et sanctionne parfois sans raison clairement identifiable. C'est peut-être en cela que les limites de Solène souffrent. Elles ne furent pas absentes, mais par contre très souvent incohérentes : Solène est battue parce qu'elle pleure. Le père justifie d'ailleurs les coups par la nécessité de donner un sens aux pleurs de sa fille. Les fessées arrivent donc dans l'après-coup : ce n'est pas parce que Solène a reçu une fessée qu'elle pleure, mais l'inverse. Lorsque Solène pleurait, nous pouvons supposer qu'elle avait déjà une raison d'exprimer une émotion. Le père, en prétendant lui donner une raison supplémentaire, ignore la réaction de sa fille à une situation particulière ayant provoqué l'émotion.

Il est probable que cette confusion des règles posées par le père soit à l'origine, entre autres, d'une négation partielle de la métaphore paternelle.

Tout comme Élise, Solène semble pourvue d'une instance surmoïque, ce qui n'est pas le cas de Cécile où nous avons supposé un Idéal du Moi très opérant.

En effet, la culpabilité de Solène est souvent au-devant de la scène : celle de ne pas dire à ses parents avec qui elle sort, celle de susciter une nouvelle colère chez son père, celle encore liée au désir qu'elle provoque chez les hommes, celle aussi d'être devenue anorexique alors qu'*elle avait tout pour être heureuse* et celle enfin, de s'essuyer la joue après l'embrassade de son père. Culpabilité qui se lit par ailleurs dans l'ambivalence de ses sentiments : *j'ai peur pour lui quand il part, furieux, de la maison, mais j'aimerais bien qu'il ne revienne jamais, on serait tranquille tous les trois.*

La déception sera, au moins à deux reprises, réactivée dans ce que nous connaissons de l'histoire de Solène. D'abord par rapport à sa mère ; lorsque Solène lui exhibe les marques laissées sur ses cuisses, par les coups du père, elle est de nouveau niée par une mère certainement elle-même mise à mal par la crainte que lui inspire son époux. Cette mère, qui chercherait à ne pas rallumer les feux de la colère de son conjoint, préférerait banaliser ce que sa fille lui apporte de preuves des actes du père. Notons tout de même que la mère s'engage, parfois dans des critiques ouvertes à l'égard du père, devant ses enfants, mais, semble-t-il, toujours en son absence. Elle se fait ainsi complice de ses enfants à l'encontre du père qu'elle reconnaît, mais dont elle remet en cause, par ses critiques, la fonction structurante. Ici encore, nous voyons que la mère a pu jouer un rôle dans la dévalorisation et la diabolisation du père. La méconnaissance des rapports du couple parental ne nous permettra pas, cependant, d'aller au-delà dans nos suppositions quant à l'indifférence apparente de la mère de Solène.

Déception encore à l'égard de Pierre pendant la croisière, lorsque Solène constate être l'objet de son regard d'homme. Pierre était jusque-là, sans nul doute, considéré par Solène comme un être asexué dans le sens d'incapable de tout désir sexuel. Ce soir-là, Solène découvre non seulement qu'elle peut induire du désir chez un homme, mais aussi chez son frère. Cette constatation du pouvoir de séduction qui la caractérise en tant que jeune fille vient comme un écho à la scène vécue avec les amis où l'un d'eux portera aussi, sur elle, un regard d'envie. C'est peut-être dans l'inquiétant pouvoir du langage de son corps que naîtra le désir de contrôle de celui-ci. Si Solène ne peut maîtriser le désir de l'autre, elle fera au moins en sorte, en perdant ses formes, de ne plus l'éveiller et de nier totalement le sien.

Cet aspect non sexué que Solène attribue à son frère se remarque souvent dans les discours de jeunes anorexiques, mais plus particulièrement à l'égard de leurs pères.

Il nous paraît évident que Solène s'est engagée dans une relation fantasmatiquement incestueuse avec son frère. Son sentiment de rivalité envers la petite amie de Pierre, le plaisir à imaginer qu'autrui puisse les supposer en couple, par exemple, nous démontre la nature de l'investissement libidinal de Solène.

Les fessées administrées par le père ont pu inculquer à Solène qu'exprimer ses émotions était dangereux, voire douloureux. Nous remarquons, concernant Solène, comme dans de nombreux cas d'anorexie, une coupure émotionnelle, une distance relationnelle, toujours prégnante. Jusque-là, Solène ne s'impliquait que très peu dans sa vie, dans son avenir, dans la lutte contre la maladie, dans ses rapports à autrui en dehors de ceux qu'elle entretenait avec son frère ; Pierre restant le pôle attractif de tout investissement de la jeune fille.

Au-delà de cet enseignement qu'a pu tirer Solène de son expérience de la violence paternelle, nous pouvons voir les fessées comme les seuls échanges de Solène et de son père. L'unique, mais certainement aussi le premier corps-à-corps qu'ils connurent ensemble, fut celui-ci. Se rapprocher de son père ne pourrait advenir, dans l'esprit de Solène que par le corps et par la douleur. Nous nous demandons à ce stade, si son anorexie n'est pas un langage du corps à l'égard de Pierre, comme Solène le supposera, mais également à l'égard de son père. Ne dit-elle pas, d'ailleurs, qu'une relation est de nouveau possible avec lui, depuis qu'elle est malade ?

Mais Solène n'aurait-elle pas pris plaisir dans ce corps-à-corps d'autrefois, seul lien possible au père réel ? Le nettoyage frénétique et urgent de la joue après le baiser de bonsoir du père pourrait nous indiquer toute la charge affective investie par Solène dans les actes de son père.

La déclaration de Solène : *lorsqu'il me frappait, parfois, je comptais le nombre de claques, cela n'en finissait pas, je me demandais s'il allait s'arrêter,* nous amène à la supposition qu'elle ait pu avoir la même angoisse lorsqu'il l'embrassait ; allait-il pouvoir s'arrêter ? En postulant cette hypothèse, nous acceptons l'idée d'une intégration par Solène de l'interdit de l'inceste. La mère, qui doit dire que le père existe pour qu'il existe effectivement, a partiellement tenu son rôle ; la mère, ici, a parlé du père, mais, en des termes négatifs. Elle ne l'a pas nié, elle a remis en question la justesse de sa fonction.

Le climat *incestuel* régnant dans la famille de Solène concerne chacun des membres qui la composent. Le frère et le père bien sûr, mais également la mère. Cette mère qui fait des confidences sur sa vie privée, qui est présente lorsque sa fille choisit ses vêtements, qui entre dans sa chambre chaque jour pour vérifier que Solène n'a pas dissimulé de nourriture. Cette mère qui, sous l'étiquette de *mère poule*, outrepasse certainement à son insu les frontières de l'intimité de Solène.

Concernant les rêves de Solène, nous noterons que, presque tous ceux qu'elle évoquera, même ceux dont il n'est pas question ici, se passent sur des sommets ; que ceux-ci soient de montagnes, de collines ou d'échelles, nous retrouverons très souvent présente, cette notion de hauteur.
Relativement au premier de ces rêves, Solène ne fera aucun lien entre la maigreur des enfants et la sienne, et même si dans ce rêve, elle *dit comprendre qu'ils aient peur,* à l'état de veille, elle se demandera ce *qu'elle a bien pu comprendre.* Nous pourrions supposer ici le déni de son état physique, car Solène peut effectivement faire peur par sa maigreur extrême, mais ne se voit pas comme effrayante dans la réalité. La nudité des enfants laisse entendre la mise en évidence de la maigreur. Son état de spectatrice dans le rêve lui attribue une attitude passive, tout à fait contraire à la volonté de contrôle et à son hyperactivité habituelle. Elle insiste particulièrement sur la *transparence* des enfants ; cette transparence au sens propre dans le rêve pourrait être rapprochée de son sens figuré dans le réel : Solène nous dira souvent que l'autorité de son père ne laissait aucune place à la parole, au désir de l'enfant qu'elle était. Le père aurait fait, jadis, peu de cas, de ses enfants en tant qu'individu ;

pour lui, les enfants passaient inaperçus. C'est Solène qui interprétera que *les enfants se sauvent parce qu'ils l'ont vue* ; ainsi dans le rêve, Solène aurait provoqué, par sa maigreur, la fuite de ses semblables ; fuite qui renverrait à celle du frère, et peut-être aussi à celle du père dans son rôle d'homme juste, protecteur, sécurisant. Solène aurait aimé retenir les enfants, mais elle n'en fit rien. Elle se résigne et finalement les laisse partir d'autant plus qu'*elle comprend* parfaitement leur effroi. Dans la réalité aussi, Solène dira souvent qu'elle se demande comment on peut l'aimer et fera ainsi retour à son système d'autodévalorisation.

En ce qui concerne le deuxième rêve, nous avons noté que Solène se trouve dans un endroit clos avec son frère. Dans ce rêve-là, Pierre ne peut s'échapper. Ils sont par ailleurs inaccessibles. Qui pourrait venir les déranger ici ? Le contexte implique donc une grande proximité, une intimité, rappelant le caractère incestueux de leur relation. Le paysage extérieur est mis en évidence dans le récit du rêve par Solène ; elle parle de *blancheur à perte de vue* et d'*absence de relief sur l'horizon* ; ces précisions nous renverraient à une idée de pureté, de virginité ; l'absence de relief à l'effacement, par la maladie, des formes de Solène et à la disparition de toute trace de féminité. Le câble qui se casse pourrait symboliser l'événement exceptionnel, l'accident imprévisible, tel que pourrait l'être une relation incestueuse entre un frère et une sœur. C'est dans le regard de Pierre que Solène trouve refuge et gagne le courage d'affronter le drame qui se joue. Celui-ci se veut particulièrement rassurant, il a la solution, il sait comment sauver sa sœur, les sauver tous les deux. *Ne t'inquiète pas, si je tends le bras, on est sauvés,* nous évoque l'esquisse d'une érection : un membre se raidit, se tend, mouvement par lequel, il pourrait sortir sa sœur d'une situation désespérée. Mais c'est à ce moment-là que le bruit se rapproche, peut-

être un de ces bruits effrayants dont parle Solène quand elle évoque les souvenirs malheureux de son enfance, tels que les bruits anarchiques des pas de son père dans les escaliers menant à sa chambre. Solène sait, dans le rêve, que *ce bruit va empêcher Pierre de la sauver*. Ce bruit appartient à un être monstrueux, effrayant qui manifestement détient un pouvoir absolu sur tous les occupants de la cabine, mais surtout sur Solène et Pierre. Face à la créature, Pierre perd de sa puissance, il se retrouve lui aussi soumis à la volonté de l'individu que l'on peut certainement apparenter au père. Celui-ci dispose donc du pouvoir de vie ou de mort, pouvoir de castration sur Pierre en empêchant l'érection et sur Solène en l'empêchant de jouir de son frère. Cependant, la créature décide plus simplement, pour les sauver, de les faire redescendre dans la vallée et annonce ainsi à Pierre que ce n'est pas la peine qu'il tende le bras. Ainsi, *le père-créature* du rêve n'aurait pas castré, mais introduit la peur de la castration, peur qui se traduirait par les cris de Solène : *non, pas en bas, pas en bas, surtout pas en bas...*
Nous pourrions peut-être trouver dans cette analyse succincte la raison de la récurrence des hauteurs dans les rêves de Solène ; être en bas, c'est perdre le frère, c'est se retrouver à la portée du père, c'est avoir été rattrapée par lui et être en haut serait l'inaccessibilité, l'invulnérabilité de l'intimité frère/sœur, l'assurance de la conservation d'une intégrité.

Le rétablissement, par le corps, du dialogue avec le père apparaît donc dans la survenue de la maladie, au moment où Solène subit ce qu'elle appelle l'*abandon de son frère* ; par ailleurs, l'étonnante description par Solène de son *père d'aujourd'hui,* devenu attentif et accessible, ne pourrait-elle se traduire aussi par un réinvestissement du père par Solène, en quelque sorte, comme un refus de la perte du frère ?

Nous pourrions considérer ce *retour au père* comme une ultime tentative d'achever un Œdipe autrefois tronqué, galvaudé. L'histoire de Solène nous est, en effet, apparue comme la conséquence d'une situation œdipienne où un élément aurait été de trop. Le soulagement de Solène, enfant, à l'idée que son père ne revienne pas, témoignerait d'une recherche de rétablissement du triangle œdipien : le père parti, il restait Solène, sa mère et son frère.

La rivalité entre le père et le frère qui apparaît souvent dans le discours de Solène, ne pourrait-elle pas aussi en attester ? Reste à savoir si celui qui s'efface aujourd'hui de ce carré œdipien est bien celui que Solène aurait accepté de perdre.

TROISIÈME PARTIE

QUESTIONS CONTEMPORAINES

PRÉSENTATION

Cette troisième partie aura pour but de mettre en relief certaines des questions actuelles que nous pouvons nous poser, au détour des observations cliniques. Nous ne prétendons pas y répondre, mais seulement relever l'importance de ces interrogations, dans la mesure du possible faire le point sur ce que d'autres ont obtenu d'éléments de réponses, voire même susciter de nouvelles réflexions.

Dans le premier chapitre de cette partie, nous retracerons la trajectoire historique de l'image du père. De Totem et Tabou jusqu'à la quête quotidienne de l'anorexique, nous tenterons de comprendre comment et pourquoi la représentation du Père a évolué à travers les siècles, pour ne subsister aujourd'hui, que par le biais de certaines instances sociales, elles aussi désormais malmenées. Nous constaterons combien la jeune fille anorexique, individu d'un autre temps, apparaît comme attachée à des valeurs qui ne rassemblent plus de nos jours. Nous considérerons aussi que, privée de ce repère structurant, elle se révoltera pour combler ce vide. Nous verrons avec quelle détermination elle refusera d'assister passive, à la mort lente de la symbolique du père. Cette mort-là serait aussi un peu la sienne puisque c'est, selon nous, suite à ce manque, qu'elle n'a pu grandir, se structurer correctement, devenir une femme.

Par le deuxième chapitre, nous aborderons la question de l'inceste et nous verrons que c'est plus précisément un contexte *incestuel* que nous avons constaté dans notre approche clinique de l'anorexie mentale. Indubitablement liée au père et à la protection qu'il est censé prodiguer à sa fille, cette notion d'inceste, plus psychologique que factuelle, nous conduira à examiner de quelle façon, cette ambiance familiale particulière a pu s'instaurer durablement. Nous ne pourrons, malheureusement que reconnaître, que cet inceste est parfois mis en acte dans le réel. Cependant, dans la plupart des cas dont nous avons eu connaissance, nous confirmerons qu'il n'en fut point le cas. Enfin, nous nous expliquerons sur le lien que nous faisons entre l'intervention d'une personne autre que le père, élément de l'intrusion brutale du sexuel dans la vie de la petite fille et le caractère incestueux que prendra l'événement. Ici encore, nous constaterons que l'enfant se retrouve démuni de mesures limitatives qui, en des circonstances plus banales, auraient pu ou auraient dû être introduites par le père ou par son représentant.

Le troisième chapitre posera plusieurs questions. D'abord, nous nous y interrogerons sur la notion de structure dans l'anorexie mentale. Devant l'impossibilité d'attribuer catégoriquement à la pathologie une structure de prédilection, nous nous intéresserons à ce qui a pu être dit de la question par différents chercheurs, théoriciens ou cliniciens.
Nous ferons état des écrits mentionnant certains rapprochements avec les différents types de névroses et de psychoses. Nous verrons également que l'anorexie n'est pas exempte d'aménagements pervers ni de composantes psychosomatiques.
Nous poserons également la question de l'anorexie mentale en tant qu'entité nosologique autonome ou en tant que malaise atypique s'inspirant de symptômes appartenant à d'autres entités pathologiques reconnues.
Nous reviendrons, dans ce chapitre, sur le développement libidinal de la petite fille, future anorexique. Nous y mettrons encore en évidence la défaillance de la symbolique

du père, sous l'angle lacanien, en tant que forclusion de la métaphore paternelle, donc d'une forclusion partielle, ne permettant pas à l'enfant d'entrer comme il se doit, dans une situation œdipienne satisfaisante.

Enfin, nous considérerons la conception théorique de Jean Bergeret relative à l'organisation *état-limite*.

Nous confirmerons avoir constaté, dans nos observations, de grandes similitudes descriptives avec ce que postule cet auteur.

Nous n'oublierons pas de rappeler l'importance de la signification de la Loi, énonciation de l'interdit de l'inceste, comme condition sine qua non pour que la petite fille, puisse se livrer, tout entière au défi de la transgression et accéder ainsi à un combat castrateur et de ce fait structurant.

CHAPITRE I

DE DIEU AU PÈRE

C'est dans Totem et Tabou que nous retrouvons le développement complet de la théorie freudienne selon laquelle les fils de la horde primitive auraient tué le père qui seul, pouvait jusque-là, jouir des femmes. Ils l'auraient ensuite incorporé lors du repas totémique et, par-là se seraient appropriés les attributs, la force de ce père défunt.

Un jour, les frères chassés se sont réunis, ont tué et mangé le père, ce qui a mis fin à l'existence de la horde paternelle[38].

Freud résumait ainsi la théorie qu'il construisit pour expliquer la naissance de l'humanité à travers des notions telles que l'interdit de l'inceste ou l'universalité du complexe d'Œdipe. Cet écrit fondamental, démontrera, par l'étude de divers peuples primitifs contemporains, et par le rapprochement des primitifs avec l'enfant ou le névrosé, ce qu'il nous fut transmis phylogénétiquement, de cette époque ancestrale.

La question du père est évidemment nodale dans l'exposé de Freud et le restera, à la fois dans le développement de sa

---

[38] FREUD, Sigmund, Totem et Tabou, Paris, Payot, Petite Bibliothèque, 1965, quatrième de couverture.

théorie tout au long de son œuvre, mais aussi dans la perpétuation de l'image et de la fonction paternelle, que l'histoire de l'humanité nous donnera à observer.

C'est tout d'abord à travers la notion de totémisme que se manifesteront les premières expressions de la religion. Cependant, nous ne pouvons réduire à cette seule source, l'origine d'un phénomène aussi complexe que celui des pratiques religieuses. La psychanalyse ne prétend pas non plus que cette source soit unique, mais les résultats fournis par divers axes de recherches montreront tout de même que nous pouvons imputer au totémisme une importance significative dans la genèse des religions. Le totémisme était un système qui, chez certains peuples primitifs valait religion et fournissait les grands principes de l'organisation sociale. Wundt, en 1912 écrit dans *Éléments de la psychologie des peuples* :

> *En tenant compte de tous ces faits, nous pouvons admettre, sans risquer de trop nous écarter de la vérité, que la culture totémique a constitué partout une phase préparatoire du développement ultérieur et une phase de transition entre l'humanité primitive et l'époque des héros et des dieux.*

Le totem est un animal, une plante ou une force naturelle s'apparentant à l'ancêtre du groupe qu'il détermine. Des règles très strictes sont édictées autour de ce totem : personne ne peut le tuer ou le détruire, personne ne peut le manger ou en jouir de toute autre façon. Notons un détail qui nous semble intéresser particulièrement notre sujet, à savoir que le groupe porte le nom du totem auquel il se rattache. Il y aurait donc déjà en cela, les prémices d'une transmission d'identité par ce totem. Par ailleurs, les membres du même clan totémique, en quelque sorte de la même famille, ne peuvent avoir de relations sexuelles entre eux. Cette loi de l'exogamie serait ainsi dictée par ce référent phallique qu'est le totem.

Le totem tiendrait donc, à la fois un rôle religieux et un rôle social. Il serait une représentation substitutive du père et ainsi la première forme de ce substitut dont le dieu constituera la forme plus développée.

La convoitise des frères à l'égard de la puissance totémique sera rendue inopérante par la pression du clan ; en effet, personne ne peut ni ne doit égaler la force du totem. Ceci aura pour effet de voir s'éteindre au cours d'un très long développement, le ressentiment pour le père qui, jadis, avait poussé au meurtre de celui-ci. Cette haine ancienne cédera sa place à un amour absolu et à un idéal de soumission à ce père primitif, autrefois combattu. Ce serait peut-être une erreur de conclure que l'hostilité à l'égard de l'autorité paternelle ainsi rétablie s'en trouvât complètement éteinte. Freud nous dit que c'est dans les deux formations substitutives ultérieures : les dieux et les rois, que se révèleront les manifestations les plus marquées de cette ambivalence caractéristique de la religion. Ambivalence qui n'est pas sans nous rappeler le terme de *tabou* dont la traduction ne peut se faire en un seul mot de notre langue : *tabou* est un mot polynésien regroupant à la fois deux significations opposées : *sacré, consacré* et *d'autre part inquiétant, dangereux, interdit.*

Le sacré, pour Freud *n'est originellement rien d'autre que la volonté perpétuée du père primitif*[39]*,* de même, il considère que le cérémonial de la névrose obsessionnelle est un *acte sacré.* Nous pouvons ici nous rappeler les rites à caractère obsessionnel qui envahirent la vie de Cécile.

---

[39] PLE, Albert, Freud et la religion, Paris, Les éditions du Cerf, 1968, p.37

C'est donc par la psychanalyse que nous avons appris à reconnaître le lien intime qui unit le complexe paternel et la croyance en Dieu ; elle nous a montré que le dieu personnel n'est pas autre chose que la représentation d'un père transfiguré. La psychanalyse voit donc dans le complexe parental la racine de la nécessité religieuse : *Dieu juste et tout-puissant, la Nature bienveillante nous apparaissent comme des sublimations grandioses du père et de la mère.*

La paternité de Dieu n'est pas une découverte du christianisme ; la Grèce antique appelait Zeus *Père des Dieux, Père des hommes, Père de toutes choses, Père du monde, Père tout-puissant*[40]. En Égypte, c'est un jeune pharaon, Aménophis IV, qui imposa le monothéisme strict à son peuple, sous la forme d'un dieu paternel.

La notion de paternité divine diffère très nettement dans la religion de l'Ancien Testament. Le Dieu d'Israël, avant de prendre le nom de Yahvé se trouvait à côté de Dieux tout-puissants qui se chargeaient des grandes affaires de l'univers, à qui on rendait des cultes officiels dans des temples somptueux ; d'autre part, officiait aussi une classe de petits Dieux besogneux, ne portant même pas de nom, qui s'occupaient des affaires d'une famille ou d'un clan. Plus tard, Yahvé sera reconnu comme le maître du ciel et de la terre, comme le seul vrai Dieu. Yahvé resta toujours pour Israël le Dieu des Pères. La relation de l'Homme à Dieu passait ainsi du plan cosmologique au plan anthropologique. Le lien au Dieu des pères passait par le lien de chaque individu à son père, à la lignée de ses pères et par les structures de parenté patriarcale. Plus tard, les lévites parvinrent à rétablir le monothéisme sous la forme d'une religion judaïque telle qu'elle continue d'exister aujourd'hui.

---

[40] MOINGT, Joseph, Religion et paternité, Littoral, Du père, Paris, Érès, février 1984, p.6

Un nouveau changement dans l'éthique va se produire avec le Christ ou à partir de lui, car le lien du chrétien à Dieu passera désormais, directement par le Christ, visant ainsi non plus le Dieu des Pères, mais le Dieu Père de Jésus-Christ.

Dans la religion chrétienne, le péché originel résulterait d'une terrible offense à Dieu le Père. À l'instar de certains peuples primitifs qui pratiquaient des cérémonies sacrificielles, c'est encore par un sacrifice, celui du propre fils de Dieu que les hommes tenteront de se libérer de la culpabilité du péché qui pourrait être celui du meurtre du Père. Dans Totem et Tabou, Freud dit encore :

> *Dans la doctrine chrétienne, l'humanité avoue franchement sa culpabilité dans l'acte criminel originel, puisque c'est seulement dans le sacrifice de l'un des fils qu'elle a trouvé l'expiation la plus efficace*[41].

Ce sacrifice ultime aurait eu le mérite d'apporter à l'Homme la possibilité de vaincre son angoisse face aux dangers de la vie, de connaître le soulagement du règne de la providence divine, d'instituer un ordre moral de l'univers et d'entrevoir la probabilité d'une prolongation de l'existence terrestre. La psychanalyse voit aussi dans ce sacrifice, un allègement considérable pour l'âme individuelle, dans le sens où les conflits de l'enfance, résultant du complexe paternel, trouveraient ainsi une solution acceptée de tous. La tendance humaine à rechercher une autorité à admirer confirmerait encore cette hypothèse.

L'idée de Dieu serait donc la projection de l'image infantile du père. Sur un plan métapsychologique, l'Idéal du Moi serait une formation substitutive de la passion nostalgique

---

[41] PLE, Albert, *Op.cit*. p. 20

pour le père et comprendrait le germe d'où seraient nées toutes les religions. Selon Freud :

> *Ce que la biologie et les destins de l'espèce humaine ont créé et laissé dans le Ça, est repris par le Moi au moyen de la formation d'idéal et revécu en lui sur le plan individuel. Par suite de l'histoire de sa formation, l'idéal du moi a les liens les plus étendus avec l'acquis phylogénétique de l'individu, son héritage archaïque[42].*

Ainsi, nous avons vu qu'avec la chrétienté, les propriétés divines se concentrèrent de nouveau sur une figure unique. C'était, en fait, un retour aux débuts historiques de l'idée de Dieu. Dès que Dieu fut de nouveau un être unique, les relations que chaque homme entretenait avec lui pouvaient être de l'ordre de l'intimité et ainsi se rapprocher du rapport de l'enfant à son père.

Le père originaire aurait donc inspiré la première image de Dieu, laquelle serait devenue, par l'intermédiaire des générations ultérieures, la figure définitive de Dieu. Le déplacement, sur Dieu, se justifie d'une part, en réaction à l'acte de sacrilège proféré par l'homme lors de l'élimination du père, d'autre part, parce que l'homme, devant les surpuissances étrangères, attribue à celles-ci les caractéristiques de la figure paternelle ; les hommes se créeraient les dieux dont ils ont peur et sur lesquels ils transféreraient néanmoins un pouvoir de protection. Freud notera l'ambivalence particulière du rapport au père chez l'enfant, à savoir que l'enfant ne ressent pas moins de peur à son égard que d'admiration. Dans L'*avenir d'une illusion*, Freud dira : *la religion serait la névrose de contrainte universelle de*

---

[42] FREUD, Sigmund, Psychologie des foules et analyse du Moi in Essais de psychanalyse, Paris, Payot et Rivages, 2001, p. 277

l'humanité ; comme celle de l'enfant, elle serait issue du complexe d'Œdipe, de la relation au père.

Gérard Mendel, dans un ouvrage intitulé *La révolte contre le père*, reprend la théorie freudienne de l'identification archaïque du fils au père, mais adopte une position différente quant à la formation de l'imago paternelle. Il ne lui semble pas qu'il y eut, aux origines de l'humanité, un père puissant dont le meurtre par les fils aurait représenté l'événement historique en tant que genèse de cette intériorisation. Mendel imagine une très longue période au cours de laquelle l'intériorisation se serait faite lentement. La mort réelle du père, vécue comme la réalisation du vœu œdipien d'élimination de celui-ci, aurait été l'agent d'une intériorisation progressive d'une image paternelle ambivalente. Mendel ne remet pas en question la notion de culpabilité inconsciente qui se serait transmise tout au long de l'évolution ultérieure ni la tendance de l'Homme à déléguer une partie de sa liberté à une figure paternelle externe, en laquelle s'incarne le pouvoir, dans une recherche de protection et de déculpabilisation. Mendel reprend également l'idée de Freud sur le complexe parental incarné par Dieu le père et la Nature, mère nourricière. Il postule la nécessité, pour l'Homme, de l'intériorisation d'un père protecteur, principalement en raison d'une surpuissance antérieure d'une mère Nature universelle. Déjà, donc Mendel suppose que l'humanité, afin de sortir de cet état de dépendance et de rendre autonome un Moi qui ne fut jamais réellement séparé des imagos maternelles, fit appel à la puissance d'un tiers, le Dieu Père.

> *Ce fut seulement lorsque les imagos paternelles ayant renforcé le Moi permirent d'équilibrer la puissance des imagos maternelles jusqu'alors*

prédominantes, qu'une nouvelle relation au monde extérieur et à la nature devint possible[43].

Freud pour sa part s'exprima sur ce point par ces mots : *il s'opéra ainsi, un passage de la mère au père, marqué par une victoire de la spiritualité sur la sensualité.*
Selon Mendel, enfin, le rachat des péchés du monde par Jésus-Christ et la rédemption des hommes permirent également la fin du renoncement à la mère : *Le refoulé fera ici retour sous une forme libidinale et gratifiante : la Sainte Vierge, la mère de Dieu.*

Vers la fin du XVIIIe siècle et au XIXe siècle, le développement de la rationalité, les découvertes technologiques et la possibilité nouvellement acquise par les hommes de transformer le monde, rendent inévitable une laïcisation de la figure paternelle à laquelle, par culpabilité et par peur, l'individu continue à déléguer une partie de sa liberté. Les religions laïques vont donc prendre le pas sur les formes religieuses de soumission à un Père divin. Le personnage d'un père surpuissant passera donc progressivement du Dieu paternel monothéiste, au savant pour se transférer au fil de l'histoire, bien malencontreusement à la figure du dictateur. L'autorité, en se sécularisant, perdra donc son caractère surnaturel et magique. Tant que le pouvoir était d'ordre divin, l'arbitraire et les imperfections de Dieu étaient considérés comme l'expression de sa propre volonté ; Dieu, dans l'esprit des hommes, étant censé révéler sa vraie nature paternelle le jour du jugement dernier.
Dans un premier temps de cette transition, le pouvoir social restera tout de même d'essence divine : l'autorité à l'origine des institutions continuera à être reliée à Dieu. Ainsi ce ne sera encore que par délégation de l'autorité divine que le Roi, le Juge, le Père de famille imposeront leur volonté. Au

---

[43] MENDEL, Gérard, La révolte contre le père, Paris, Payot, 1968, p. 21

fil du temps, la laïcisation de l'autorité révélera ses effets : chaque individu pourra désormais reconnaître les imperfections et les injustices du pouvoir social qui de ce fait, perdra une partie de sa spécificité paternelle. Désormais, le détenteur du pouvoir est jugé à ses actes, nécessairement imparfaits, et s'exposera donc de plus en plus à la contradiction voire à la révolte de l'Homme. Notons aussi une autre conséquence probable de cette transformation : les bénéfices narcissiques, dus à l'aspect surmoïque de l'ancienne image du Dieu Père, furent également perdus dans ce remaniement ; les espoirs d'immortalité et la croyance à l'amour particulier de Dieu pour chaque homme n'en trouvèrent que moins leur justification.

Freud, dans *L'Avenir d'une illusion*, nous parle de cette mutation en ces termes :

> *La religion n'a plus sur les hommes la même influence que jadis (il s'agit ici de la culture euro-chrétienne). Cela, non parce que ses promesses sont devenues plus modestes, mais parce qu'elles apparaissent aux hommes moins crédibles. Reconnaissons que la raison de cette transformation est le renforcement de l'esprit scientifique dans les couches supérieures de la société humaine[44].*

Freud, par ailleurs, relèvera une analogie entre l'Église catholique et l'armée. Bien que différentes sous bien des angles, ces deux organisations donneraient l'impression qu'un chef suprême est là : *de cette illusion, tout dépend ; si on la laissait s'effondrer, l'Église comme l'armée se désagrégeraient aussitôt, dans la mesure où le contexte extérieur le permettrait*[45].

---

[44] FREUD, Sigmund, op.cit., p.179
[45] Psychologie des foules et analyse du Moi, *Op.cit.*, p.172

Freud posera ainsi ce qui nous semble fondamental dans le sujet que nous développons ici :

> *Les foules avec meneur ne seraient-elles pas les plus primitives et les plus accomplies ; le meneur ne pourrait-il pas, dans les autres, avoir pour substitut une idée, une abstraction, ce vers quoi les foules religieuses, avec leur chef suprême impossible à montrer, font bel et bien la transition.*

Nietzsche avec sa provocante déclaration : *Dieu est mort*, n'aurait-il pas parlé d'un ébranlement des repères, d'une perte de sens bouleversant l'ensemble de l'univers humain ? Nietzsche aurait ainsi prédit l'effacement des références ultimes de l'Homme synthétisées sous le nom de *Dieu*, la confusion qui s'ensuivrait dans l'esprit de l'Homme et la difficulté à se structurer, faute de repères ordonnant l'existence. Le philosophe aurait également précisé que l'effacement de la foi en Dieu n'altérerait en rien la vivacité de *l'instinct religieux de l'Homme*[46].

Ainsi, donc, dans le développement ultérieur de l'humanité, maîtres et autorités auraient tenté de perpétuer le rôle du Père. Cependant, le déclin occidental de la figure du Père Maître fut une conséquence inévitable de la décadence de Dieu. Telle une désymbolisation progressive, la chute de l'une aurait entraîné la négation de l'autre.
C'est probablement en raison de la déliquescence de l'image du père qu'à Vienne, au XIXᵉ siècle, se révèlent à Freud, la relation de l'hystérie au père et plus tard, l'organisation œdipienne.

---

[46] VALADIER, Paul, Dieu est-il mort ? Le nouvel observateur, Hors-série n° 48, septembre-octobre 2002, p. 32

De cette *mort de Dieu*, nous pourrions ainsi définir quelques étapes : l'avènement du christianisme définissant le fils comme intermédiaire pour parvenir au Père, le Moyen-Âge et la mise en place de la chrétienté comme institution religieuse et séculière, la Révolution française comme crise de la monarchie de droit divin, la tentation totalitaire du milieu du XXe siècle et enfin notre époque avec l'incontournable déclin de la puissance paternelle.

Le combat de l'anorexique serait, selon nous, un véritable appel au père, du moins à sa fonction. Elle appellerait des repères symboliques dont notre société de l'objet n'a plus que faire.

C'est probablement dans ce contexte de désymbolisation que l'anorexique tenterait très tôt d'échapper à ce naufrage en se rapprochant du père réel, seul père qu'il lui soit donné de rencontrer. Mais que se passe-t-il alors si l'espoir de la petite fille s'évanouit dans le constat d'un vide, d'une inconsistance phallique meurtrière de ce père réel ?

Il nous semble nécessaire ici de rappeler combien il importe de distinguer d'une part, le rôle paternel ou ce qui est dans le réel, et d'autre part, la fonction paternelle ou ce que la petite fille peut attendre et qui serait plutôt de l'ordre de l'imaginaire.

Ainsi, l'anorexique vivrait, par ses tentatives de prise d'autonomie à l'égard de sa mère, ce que le primitif aurait vécu avec la Terre-mère-nourricière ; à la différence que là où le primitif a pu mettre du père, l'anorexique souvent n'y trouve pas tiers !

Il semblerait, aux dires de Bernard Brusset que l'anorexique contemporaine ne puisse étayer un Idéal du Moi individuel sur un Idéal du Moi collectif hautement valorisé. Ainsi dit-il *l'anorexique témoignerait d'une persistance de valeurs morales qui perdent aujourd'hui souvent fonction de référence*[47].

Ce n'est peut-être pas non plus un hasard si Lacan pose, à l'époque de la disparition du Père Maître, la distinction entre pénis et phallus. Si le pénis renvoie à l'organe anatomique et ne nous intéresse pas particulièrement ici, le phallus lui, apporte une notion fondamentale à notre propos. Le phallus, en effet, serait un représentant de la fonction symbolique, mais aussi de l'imaginaire ; il est signifiant de l'autorité, autrement dit, du Père et de sa Loi.

André Green nous dit à propos de la castration :

> *Son absence* (de phallus) (…) *est donc toute autre chose qu'un cas de figure négatif. Elle signifie la perte de cette référence dont la présence n'est ni aléatoire ni contingente, mais absolument nécessaire à l'intégrité (ou l'intégralité) de la représentation anatomique du corps, d'une expérience affective de plaisir, d'une possibilité toujours présente de satisfaction, d'un mode de fonctionnement mental sans faille ou d'un langage indicible*[48].

La progressive abolition de l'ordre paternel ne laisserait donc que la possibilité subjective de s'appuyer sur un ordre phallique. La petite fille d'aujourd'hui ne pouvant rencontrer, parfois, en son père, première figure de l'autorité, cette instance phallique indispensable n'a d'autre choix que celui de s'abandonner à la toute-puissance maternelle. Mère apparaissant comme d'autant plus puissante qu'elle a pu,

---

[47] BRUSSET, Bernard, Psychopathologie de l'anorexie mentale, Paris, Dunod, 1998, p.62

[48] GREEN, André, Le complexe de castration, Paris, PUF, Que sais-je 2531, 1990, p. 101

quelquefois, s'approprier le phallus manquant à son compagnon.

D'une logique de salut collectif dans l'au-delà, nous sommes donc arrivés au salut individuel dans l'ici et maintenant. Au Dieu céleste d'hier, répond aujourd'hui, dans le meilleur des cas, la figure du Père Maître, sorte de prince à deux visages : une face est divine et l'autre est terrestre. Sur le plan psychanalytique, cette dualité de nature s'expliquerait par l'union du père et du phallus. C'est ce père-là, qu'en relation avec notre héritage archaïque, nous pourrions tous attendre. Mais parfois, l'homme qui devient père a pu être lui-même victime d'un vol ou son histoire personnelle a pu, de multiples façons, endommager sa facette divine.

Ainsi, en tout homme pourraient coexister le père terrestre et le phallus divin. Cet homme serait donc à la fois celui qui est *soumis à la Loi et celui qui la fait*. Thierry Vincent dans son ouvrage intitulé *L'anorexie*, explique :

> *Le fait chez un même sujet de soutenir une position paternelle et une position phallique ouvre quatre types de possibilités : soit il tente de soutenir les deux et se retrouve dans la situation de prince soumis à la loi en même temps qu'il la fait ; soit il ne soutient qu'une position paternelle assujettie à la loi en la disant ; soit encore, il soutient une position essentiellement phallique et se retrouve dans la position du Maître voué à faire la loi plutôt qu'à s'y soumettre (...) ; soit enfin, il ne soutient aucune de ces positions, ce qui a pour conséquence une extrême dépendance à l'autre et/ou à la marginalité (...)*[49].

---

[49] VINCENT, Thierry, L'anorexie, Paris, Odile Jacob, 2000, p. 215

Au regard de ces quatre voies possibles, nous pourrions situer le père de Solène dans la position uniquement phallique du Maître qui fait la Loi plutôt qu'il ne s'y soumet et celui d'Élise dans la position du père qui ne soutient aucune des deux positions. Nous tenions toutefois à préciser que ces rapprochements ne sont faits qu'en considération des regards que portent Solène et Élise sur leurs pères. Ainsi, nous travaillons en fonction de leur vécu, de leur ressenti et non pas forcément en fonction d'une réalité.

Thierry Vincent ajoutera encore que : *l'anorexique s'insurge contre le désordre créé par une carence de la fonction paternelle et, de ce fait, pose la question de la place du père dans notre organisation sociale.*
Par ailleurs, il déduira que si l'hystérique s'insurgeait contre un ordre paternaliste rigide, c'est contre un désordre que l'anorexique se révolte, contre la confusion des rôles et des fonctions.

Rappelons encore que ce défaut du caractère phallique du père passe en grande partie par la parole de la mère. Pour que le père soit marqué par la fonction de ce que Lacan appela le *Nom-du-Père*, il faut impérativement que cette place symbolique existe pour la mère. Cette place n'est pas à déduire de la façon dont la mère s'accommode de la personne du père, mais plutôt de ce qu'elle fait de la parole de celui-ci. La véritable question réside donc dans la place que la mère réserve au Nom-du-Père.
Lacan nous dit : *dès l'origine l'enfant se nourrit de paroles autant que de pain, car il périt de mots et, comme le dit l'Évangile, l'Homme ne périt pas seulement par ce qui entre dans sa bouche, mais aussi par ce qui en sort…*[50]

---

[50] In Les indomptables, figures de l'anorexie, p. 48

Si pour Nietzsche, *Dieu est mort* pour le commun des mortels, nous pourrions dire que pour l'anorexique, le refus de cette perte apparaît comme un combat de chaque instant. Il ne nous fut pas montré, par ces jeunes filles, de plus grande quête que celle, non pas tant d'un père réel, mais plutôt celle de ce phallus invisible dont elles ne peuvent se passer pour sortir des pièges de la symbiose à la mère. S'il y eut *manque de manque* chez ces petites filles ? il s'agirait, selon nous, d'un manque *de manque de la mère*. En d'autres termes, il aurait fallu qu'un tiers, par sa Loi, impose ce manque, pratique une sorte d'arrachement à l'univers maternel, plus simplement, qu'il introduise dans leur vie, une castration symbolique.

CHAPITRE II

LA PLACE DE L'INCESTE DANS L'ANOREXIE MENTALE

Il nous sembla déraisonnable de réfléchir sur la genèse de l'anorexie mentale et sur la fonction paternelle sans aborder la question de l'inceste dans l'histoire des personnes concernées. La théorie nous y amène immanquablement, mais bien plus encore, les observations cliniques.
Si la nécessité de discuter de ce thème ne fait aucun doute, le véritable travail, finalement, est de s'interroger, sur la nature même de cet inceste.

Les écrits relatifs à l'inceste dans l'histoire de jeunes femmes anorexiques nous sont apparus comme assez rares et portant presque toujours sur l'inceste agi, réel : seuls les cas où il y eut passage à l'acte y sont qualifiés d'inceste.

Nous considérerons ici certaines études réalisées aux États-Unis. Cependant, nous n'y accorderons qu'un intérêt très relatif ; en effet, nous ignorons dans quel contexte et par quels moyens les conclusions de ces études ont été obtenues. Les résultats de celles-ci mettent en évidence une telle variabilité que nous ne livrerons ces chiffres qu'à titre indicatif. Notons également que ces recherches ne s'orientent pas seulement vers l'inceste, mais plus généralement vers les abus sexuels de toutes natures.

Ainsi, une étude de Connors et Morse en 1993 montrerait que 30 % des femmes souffrant d'un trouble alimentaire rapportent des abus sexuels ; Beresford, Wooley et Hall, en 1989, rapporteraient eux, un chiffre de 50 %. Margo Maine, spécialiste des troubles du comportement alimentaire aux États-Unis, affirme qu'au *moins 40 % des adolescentes et jeunes femmes suivant le programme de traitement* qu'elle dirige *ont souffert de traumatismes allant de sévices sexuels au viol*[51]. Certains voient donc une corrélation entre les troubles du comportement alimentaire et les abus sexuels, d'autres n'en supposent que dans la boulimie, et d'autres encore prétendent qu'il n'y en a aucune. Difficile, donc de se servir d'éléments aussi incertains comme base de réflexion.

Ce que nous pensons cependant pouvoir avancer, au fil des anamnèses, c'est que la composante *incestuelle* est pratiquement toujours présente dans les histoires de ces jeunes femmes ; mais nous parlerons, ici d'un *inceste psychique*, et non pas forcément d'un inceste mis en acte, comme ceux que tentent de quantifier les études citées ci-dessus. Notre constat n'annule pas pour autant la possibilité d'un inceste réel, qui peut parfois s'observer.

Il nous est même apparu, dans certains cas, que ce caractère incestuel soit plutôt à considérer comme une conséquence de la pathologie et non comme son unique cause, tel que les auteurs précédents le laissent entendre.

En effet, les problématiques familiales, la rencontre œdipienne atypique avec le père, lorsqu'elle a lieu et le contexte de dépendance à la mère qui perdure, nous

---

[51] MAINE, Margo, Anorexie, boulimie, pourquoi ?, Barret-le-bas, Le souffle d'or, 1995, p.64

apparaissent comme autant de facteurs ayant pu renforcer la sensibilité du sujet à l'égard de cet inceste psychologique.

Notons que le caractère non agi de l'acte n'allégera pas l'événement de son caractère traumatique.

Cette composante perturbatrice, que représente ce climat incestuel, pourra d'ailleurs se voir confirmer, ultérieurement, par des faits de la réalité.

Il faut rappeler que, dans notre hypothèse, la petite fille n'a pas rencontré un père véritablement œdipien. Que celui-ci n'ait pu maintenir cette position, qu'il ait été symboliquement absent ou bien qu'il se soit, au contraire, un peu trop rapproché de sa fille, cette dernière n'a pas véritablement profité de l'occasion pour se détacher de son désir incestueux primaire, celui de la mère.

C'est ce que nous pouvons observer dans le cas d'Élise. Elle ne peut se passer de la proximité d'Anne ; par ses demandes de lit partagé, d'ailleurs tout à fait acceptées par sa mère, elle entretient, à son insu, cette symbiose quasiment physique. La situation est d'ailleurs ici rendue encore plus complexe par le propre désir d'Anne, loin de contrarier celui de sa fille. C'est l'arrivée des poussées pulsionnelles de l'adolescence qui rendront insupportable cette intimité dès lors rejetée ; ainsi, Élise, à la fois par les nuits communes, affirme son besoin d'Anne, et la repousse violemment, par les accès d'agressivité uniquement dirigés contre sa mère. Par ailleurs, le contexte familial d'Élise semble avoir été principalement constitué de relations fantasmatiquement incestueuses ; ainsi en fut-il sans doute de même dans la relation d'Anne à son père et en est-il encore de la sorte aujourd'hui dans celle qu'elle entretient avec sa propre mère. La fusion semble faire partie de ce fonctionnement familial. Il ne nous paraît pas étonnant qu'Élise, dans ce désert d'hommes, éprouve certaines difficultés à se défaire des mailles de ce filet dangereux, d'où, à chaque instant, pourrait surgir le possible interdit. Pour Élise, cette crainte se vérifiera malencontreusement, dans le réel, par rapport à son père ; remémorons-nous la scène où Élise se retrouvera, contre son gré, dans une ambiance à connotation sexuelle et dans une inhabituelle proximité physique avec Frédéric. N'oublions pas, non plus que les rôles de chacun et les frontières interpersonnelles sont très facilement dépassés dans la famille en question. C'est donc, de toute part, qu'Élise est incestée.

Henri et Madeleine Vermorel, dans leur article intitulé *Abord métapsychologique de l'anorexie mentale* nous disent :

> *Il fallut de longues années pour mettre en évidence la confusion de son propre corps avec celui de sa mère, comme si le corps de cette dernière enveloppait le sien propre, dans une sorte de chimère, appréhendée comme monstrueuse à cause de son caractère incestuel (...). Cette horreur déniée alimentait cependant la honte et la répulsion de son corps, la maîtrise des restrictions alimentaires veillant (...) à lutter contre cette forme d'inceste*[52].

Si nous avançons l'idée de l'inceste comme une des conséquences de la fragilité de l'anorexique, c'est dans le sens d'une conscience très ancienne, chez la petite fille, de l'acte incestueux comme d'un possible. La carence phallique du père réel ou son rejet n'aurait pas permis à l'enfant de vérifier que, par lui, elle se trouvait protégée de ce danger. Non seulement elle ne fut pas ravie à sa mère, mais elle ne put donc pas tester les barrières de son père et encore moins définir ses propres limites. Jusqu'où peut-elle

---

[52] VERMOREL, Henri et Madeleine, Abord métapsychologique de l'anorexie mentale, Revue française de psychanalyse, n° 5, Vol.65, 2001, p.1545.

aller dans la séduction et jusqu'où, son père la suivra-t-elle ? Cette interrogation restera donc sans réponse. C'est certainement, entre autres, de ce sentiment d'incertitude que naîtra la perception d'un danger potentiel permanent dans lequel elle grandira, en s'abritant sans nul doute, sous l'aile faussement protectrice de la mère. Si le risque pulsionnel est immense chez l'anorexique, il nous semble donc que cela puisse aussi prendre son origine dans un manque de confiance en la fiabilité d'autrui.

Comme nous l'avons vu, un père trop distant peut enfermer sa fille dans l'univers maternel et anéantir ainsi tout investissement des fantasmes œdipiens ; Françoise Dolto nous dit à ce sujet que *la fille ne peut entrer dans l'Œdipe qu'à condition de tenter de transgresser l'interdit de l'inceste, en faisant tomber son père dans son piège séducteur*[53]. Le monde extérieur, la sociabilité dont le père est le premier représentant, est désormais inaccessible à l'enfant. À l'inverse, un père trop séducteur, non comblé par une relation conjugale satisfaisante, interdira tout autant l'investissement des fantasmes œdipiens par sa fille. Enfin, même si nous ne pensons pas qu'il s'agisse là, des cas les plus fréquents, le père peut être un séducteur incestueux réel ; par la violence de ses actes ou de ses paroles, il abuserait alors de son pouvoir, et provoquerait ainsi, une excitation traumatique insupportable.

Geneviève Bourdelon parle en ces mots de cet enfermement de la petite fille :

> *Si la frustration précoce au sein de la relation mère-fille pousse la fille à investir trop précocement le père comme objet substitutif (...), la séduction œdipienne opérera en même temps de façon traumatique en raison des assises*

---

[53] DOLTO, Françoise, L'image inconsciente du corps, Paris, Seuil, 1984, p. 193

> *narcissiques insuffisantes de la fille. Le père devient trop excitant. (...) Mais il se révélera décevant, sans tendresse, trop absent, trop violent, abusif, déchu. (...) Il ne peut représenter de façon fiable et rassurante la loi, la tiercéïté qui aurait permis à la fille de lâcher l'auto-emprise sur son corps, permettre de sortir durablement de la sphère narcissique où règne le tout pouvoir et le tout savoir de la mère sur la psyché et sur le corps de sa fille[54].*

Si jusque-là, nous n'avons relevé de contexte incestuel que dans le cas d'Élise, les cas de Cécile et de Solène sont loin d'en être affranchis.
Concernant Cécile, nous pourrions dire qu'il s'agit là d'un inceste presque exclusivement maternel. Cécile est barricadée dans une position narcissique ante œdipienne et, malgré ses tentatives, à l'âge adulte, de *mettre de l'Homme dans sa vie*, par le biais de sa relation à l'oncle de son amie, par exemple ; elle n'en restera pas moins liée à un *sentiment océanique*, que lui procure la confusion à sa mère. Le cas d'anorexie mentale illustré par Cécile nous est apparu comme le plus sévère, des trois observations cliniques que nous avons livrées. Nous pourrions nous demander s'il s'agit là d'une conséquence de l'absence quasi totale de tiers masculin dans son histoire infantile. Si nous pouvons imaginer qu'Élise et Solène aient été interpellées par un désir incestueux, l'une avec un *vrai père*, l'autre avec son *Pierre*, il ne nous semble pas aussi certain que Cécile fut un jour sollicitée par cette aventure œdipienne.
Rappelons, s'il est encore besoin, cette déclaration de Freud : *Le souhait d'avoir un enfant avec la mère ne*

---

[54] BOURDELON, Geneviève, L'anorexique : une petite fille livide, rouge et noire, cousue de fil blanc, Revue française de psychanalyse, n°, 5, Vol.65, 2001, p.1571.

manque jamais chez le garçon, le souhait de recevoir du père un enfant est constant chez la fille[55].

Mais pour souhaiter obtenir un enfant du père, ne faut-il pas qu'il y en ait un qui se dessine dans le registre symbolique de la petite fille ? C'est peut-être encore de sa mère que Cécile désire un enfant. Souhait irréalisable qui, par la frustration qu'implique sa non-réalisation, retient Cécile dans cette relation incestuelle quasi primaire.

Cécile ne manquera pas souvent de nous dire *qu'elle et sa mère ne font qu'une*. Cécile y aurait-elle perdu son corps ou tout au moins la conscience de celui-ci ?

C'est certainement dans le cas de Solène que nous approchons le plus ce qui pourrait s'apparenter à un inceste réel. Solène vivra pleinement une relation amoureuse à son frère, Pierre. Ici, seul le passage à l'acte manqua. Peut-être que ce qui permit à Solène d'aller aussi loin dans son fantasme est justement le statut de frère et non pas de père relatif à l'objet élu. D'abord la représentation de l'inceste, notamment à travers le complexe d'Œdipe est plus communément en lien avec le père ; Solène, en élisant son frère attirerait-elle moins l'attention sur cette relation passionnelle ? D'autre part, lorsqu'elle transfère sur son frère son désir, celui-ci ne peut être considéré comme dangereux puisqu'il est lui-même un enfant, guère plus âgé qu'elle. Ensuite, le vol du frère aurait certainement été moins préjudiciable à la relation à sa mère : en prenant le frère, sa mère ne devient pas la même rivale qu'en optant pour le père. Enfin, comme nous l'avons vu, le désinvestissement du père par Solène s'opéra certainement en raison d'incompatibilités en lien avec la violence paternelle. Et puis, comme Solène le dira elle-même : *de toute façon, on ne fait pas l'amour avec son frère, donc j'étais*

---

[55] FREUD, Sigmund, Un enfant est battu, Œuvres complètes, Psychanalyse, Tome XV, Paris, PUF, 1996, p. 129.

tranquille, il n'y avait pas de danger. Solène fut donc *tranquille* jusqu'au jour où elle perçut dans le regard de Pierre la lueur de l'homme ému pas son nouveau corps, celui d'une femme, lui renvoyant sûrement ainsi, tous les efforts inconscients qu'elle déployait pour le séduire.

C'est en cela que la puberté réveille l'angoisse tapie depuis de nombreuses années : de potentiel, le danger devient imminent. Le corps et les traces naissantes de féminité doivent donc disparaître à tout prix, fût-ce à celui de s'anéantir totalement, à la fois physiquement, par l'amaigrissement extrême et psychiquement, par le retour au gynécée maternel.

Mais Solène n'eut-elle pas aussi un lien incestueux à son père, lorsque celui-ci la frappait ? Elle nous parlera souvent de son angoisse *qu'il ne puisse s'arrêter de la frapper*, de sa crainte *qu'il ne connaisse plus ses limites.* Ce père violent ne pénètre-t-il pas dans la chambre et donc dans l'intimité de sa fille, par la force, par les coups de pied dans la porte ? Ne choisit-il pas de porter ses coups sur le haut des cuisses de sa fille, flagellant ainsi une zone du corps par laquelle la féminité passera indéniablement ? Enfin, lorsque ce père vient l'embrasser le soir, Solène ne vit-elle pas ce moment comme un viol ? Son dégoût est si grand qu'elle ne peut s'empêcher, au risque d'une immense culpabilité, de courir se laver le visage. Comment Solène vivait-elle cette marque de tendresse si ce n'est comme une souillure, comme une inimaginable intrusion ? De *violent* ce père n'en serait-il pas devenu *violant* dans l'esprit de Solène ?

Nous citerons ici encore Dolto :

> *Quand, à l'insu des parents, satisfaction est donnée à l'enfant, à ses pulsions érotiques incendiaires, dans un corps-à-corps qu'il*

> s'ingénie à conserver, que ce soit par caresses en couchant dans leur lit, situation tout aussi érotiquement troublante que les sévices corporels qu'il les contraint à lui appliquer, l'enfant risque de régresser et de ne pas maintenir la cohésion entre l'image du corps et le schéma corporel correspondant à son âge, cette cohésion qui lui permet à la fois de rester le sujet de son histoire et de conquérir son statut d'humain[56].

En lieu et place de l'inceste peut également intervenir un abus sous forme d'une irruption brutale du sexuel dans l'histoire de l'anorexique. N'oublions pas que la petite fille est immature dans sa structuration et peut ainsi se trouver à tout moment surprise par le caractère trop vivement sexualisé d'une situation particulière. L'inceste n'est pas obligatoirement, pour l'anorexique, une relation interdite avec un parent. Toute relation impliquant un désir amoureux engageant autrui, quel qu'il soit, ou elle-même, peut prendre cette connotation d'interdit. Ce moment particulier révélera encore à la petite fille la carence d'une protection face à la probabilité de l'acte perçu comme dangereux. Si la séduction opère et que le désir s'éveille en elle, c'est toute l'étendue effrayante du manque de barrières infranchissables qui se dévoile à la petite fille. Elle ne serait en somme pas préparée à vivre de telles expériences et lorsque celles-ci se présentent, c'est le vide, la carence d'une loi qui lui ferait craindre de se perdre dans son fantasme. Les actes d'autrui, dont le père, par défaut, ne protège pas, pourraient prendre un caractère incestueux dans le sens même où le père les autorise implicitement.

---

[56] *In* L'image inconsciente du corps, p.201.

La fréquence de situations de ce type dans les anamnèses d'anorexiques nous a particulièrement interpellés. Nous nous demandons si ces faits récurrents ne pouvaient être inconsciemment recherchés par l'enfant, telles des tentatives d'obtenir réponse à la question : quelqu'un est-il là pour me protéger de cela ? Peut-être pourrions-nous voir, ici encore un appel au père, appel au tiers sécurisant et protecteur.

C'est en ce sens que le père, même s'il n'est pas impliqué dans l'arrivée du sexuel dans l'univers de sa fille, y jouerait rétroactivement, un rôle primordial.

Pour illustrer ce propos, nous amènerons ici, très brièvement le cas d'Olga. Il s'agit d'une jeune fille de dix-neuf ans, anorexique depuis deux ans. Olga est née en Allemagne, d'un père allemand et d'une mère française. Quelques mois après sa naissance, ses parents décident de se séparer et Olga revient en France avec sa mère. Désormais élevée par celle-ci, elle vit en fille unique jusqu'à la naissance d'une petite sœur à l'âge de douze ans. De nouveau, quelques mois après la naissance de celle-ci, la mère d'Olga se sépare de son compagnon. Ainsi, c'est entre femmes que le quotidien d'Olga prend son sens. Il ne fait peu de doute que la figure, et plus encore, la fonction paternelle fut minimisée dans l'histoire d'Olga. La mère pourrait être vue comme se servant des hommes pour obtenir ses enfants, puis se séparant des géniteurs, accéderait, en toute quiétude, à la possibilité de jouir de ses filles. Mais venons-en à l'événement de l'anamnèse d'Olga en lien avec notre propos :

Olga raconte que vers l'âge de huit ans, elle avait pour meilleure amie Camille, de deux ans son aînée. Elles passaient ensemble tous leurs loisirs et souhaitaient se retrouver le plus souvent possible. Olga nous dit : *j'avais du mal à me passer d'elle, elle était pour moi comme un modèle, celle à qui je voulais ressembler.*

Olga semble encore très troublée lorsqu'elle s'exprime sur cette relation. Elle précise cependant qu'elle *avait dû rompre* et *qu'elle ne voulait plus entendre parler de cette folle !*

Au fil de nos rencontres, Olga livrera la raison de son aversion apparemment soudaine pour celle qui fut son amie :

> *Camille m'entraînait dans des jeux bizarres. Les premiers temps, elle me racontait des histoires. Des histoires sales ; elle me racontait par exemple avoir vu ses parents faire l'amour ou me relatait des lectures pornographiques qu'elle avait eues en cachette. Tous les détails figuraient dans ses récits, mais surtout elle mimait les scènes. Elle faisait comme si elle était l'un des personnages. Un peu plus tard, elle me demanda également de prendre un rôle après m'avoir raconté son nouveau scénario. Moi, je lui obéissais, j'exécutais ses plans, je me laissais guider par ses fantasmes. Après, quand je retrouvais ma mère, je me sentais très coupable, mais j'étais coincée : je ne pouvais pas dire non à Camille, une force me retenait comme si j'avais été fascinée par le spectacle qu'elle me donnait. Puis, elle finit par se masturber devant moi, me demandant d'en faire autant ou de participer à sa masturbation. J'avais atteint les limites de ce que je pouvais accepter. J'ai dû obtempérer une ou deux fois puis j'ai refusé catégoriquement. Alors jamais je n'ai accepté de la rencontrer de nouveau, notre histoire s'est arrêtée là.*

On voit ici l'entrée brutale de la composante sexuelle dans l'enfance d'Olga. Nous pouvons également constater combien Olga repousse les limites de ce qu'elle considère comme acceptable. Pendant des mois, elle se prêtera aux jeux de Camille. C'est peut-être le jour où elle commence elle-même à ressentir quelques émois qu'elle se pose un interdit, peut-être mal édicté de l'extérieur, auparavant.

Olga précisera que c'est à partir de cette aventure qu'elle commencera à exercer une certaine vigilance sur sa façon de s'alimenter, bien que l'anorexie véritable n'ait débuté qu'à l'âge de dix-sept ans, lors de sa première attirance pour un garçon de son école.

Ce pourrait être aussi cela l'abus sexuel : une permission donnée à l'autre d'entrer dans le périmètre de son intimité, se faire pénétrer psychiquement par un autre qui, à un moment donné, détient un pouvoir.

Nous sommes loin des études sur les sévices sexuels ou les viols ; mais c'est plutôt sous cette forme que nous avons découvert l'inceste dans les histoires des jeunes anorexiques rencontrées. Ce que ces personnes vivent comme incestueux ne le serait peut-être pas pour d'autres, dont le développement libidinal aurait subi moins de turbulences. Ces jeux, certes fortement sexualisés auraient-ils fait traumatisme si Olga avait été sûre de ses limites, si elle s'était sentie assurée d'une protection externe ? Olga semble avoir joué avec le seuil à ne pas franchir tel qu'elle expliquera le faire avec son poids :

> *Je m'arrange toujours pour rester à la limite d'un poids sous lequel je sais que je devrais être hospitalisée. J'aime sentir ces oscillations et encore plus la maîtrise que j'en ai. Jouer ainsi avec cette limite me procure un grand plaisir, presque une jouissance.*

L'inceste, tel que nous l'avons perçu, s'apparenterait parfois à un jeu autour de l'interdit ; jeu auquel souvent les membres de la famille se prêtent facilement. Mais à ce jeu, c'est souvent celle qui s'en croit maître qui en deviendra la plus grande victime.

Dans tous les cas qu'il nous fut donné d'observer, il avait été, à un moment de l'histoire du sujet, question de ce viol psychique dont les conséquences furent d'autant plus dévastatrices, qu'en l'absence d'acte, elles s'étaient ancrées en dehors de toute conscience.

Selon nous, l'inceste dans l'anorexie mentale aurait donc pu être physique parfois, psychologique presque toujours ; il pourrait concerner le père, le frère, un oncle, mais également et dans un premier temps, la mère. Il passerait aussi par l'intermédiaire de personnes étrangères à la famille, comme dans le cas d'Olga où le père sera impliqué par défaut, dans l'après-coup. Mais, quel que soit le masque que prendra cet inceste, il bouleversera assurément l'équilibre fragile de la petite fille, future anorexique, et révélera de façon précoce, la faille dans la structuration et dans la mise en place de la génitalité de celle-ci.

CHAPITRE III

À PROPOS DE STRUCTURE

L'anorexie mentale reste encore aujourd'hui, sous ses aspects nosologiques et structurels, pour le moins énigmatique. Dans le champ de la clinique, trois discours semblent communément se distinguer ; tout d'abord celui de la médecine qui ne peut considérer la pathologie sans intervention mécanique de l'ordre du gavage par sonde ou transfusion ; la psychiatrie par ailleurs, qui n'intervient souvent que par le biais de l'isolement et la psychanalyse enfin, qui parfois, contre-indique la cure. Nous voici donc en présence d'une bien étrange maladie qui susciterait presque autant d'engouement que de craintes.
Les écrits théoriques, pourtant, ne manquent pas. L'anorexie mentale attiserait la curiosité des chercheurs tant elle s'impose comme atypique.
L'anorexie mentale a, tour à tour, été assimilée à l'hystérie, à la névrose obsessionnelle, à la perversion, à la phobie, aux maladies addictives et parfois même aux psychoses.

Selon certains auteurs, l'anorexie se situerait à la croisée des trois ordres psychopathologiques : l'ordre névrotique, l'ordre psychotique et l'ordre psychosomatique, sans que soit exclu totalement l'ordre pervers, pouvant être lui aussi concerné.

Pour Christian Flavigny, *le pôle névrotique* serait *porté par la dynamique de l'idéalisation*, notamment dans l'hystérie, *le pôle psychotique ou mélancolique* illustrerait *la place dévolue à l'objet alimentaire* et *le pôle psychosomatique témoignerait de l'implication du corps dans le processus, ainsi, dans une certaine mesure, que le pôle pervers*[57].
Pour d'autres, la compréhension de cette affection psychique qui s'exprime par le corps est rendue particulièrement difficile, car les critères qui s'appliquent aux psychoses classiques et aux névroses, considérés de façon autonome, se révèlent insuffisants.

Nos lectures et recherches relatives à cette question de la structure nous dirigèrent finalement vers une autre interrogation : l'anorexie mentale, serait-elle une entité nosologique à part entière ou bien ne serait-ce qu'un état pathologique faisant appel à des symptômes appartenant à des entités distinctes ? En d'autres termes, l'anorexie mentale attirerait-elle des symptômes d'autres pathologies ou bien les générerait-elle ?

Pour tenter d'apporter à la question de structure des éléments de réponses, parcourons, tout d'abord, ce qui a pu être proposé sur ce point par différents théoriciens.
Nombreux sont les avis selon lesquels l'anorexie s'apparenterait, du point de vue de la structure, à la psychose. Ainsi, Coriat déclare *qu'il s'agit là d'une organisation psychotique ou pré psychotique du Moi*[58]. Il justifie ce point de vue par la non-reconnaissance des besoins physiologiques, par la négation de la douleur, par l'idée quasi délirante de l'image du corps et par l'inclusion de l'activité orale dans ce système délirant. Notons que nous retrouvons

---

[57] FLAVIGNY, Christian, De la mort, Anorexie, jeûne et purification, Topique, n° 48, 1991, p.294.
[58] CORIAT, A., L'anorexie, Séminaires psychanalytiques de Paris, 1989.

effectivement ces différentes manifestations dans les cas de Cécile et Solène ; l'anorexie d'Élise se révélant plutôt sous un angle phobique et dépressif.

Nous pensons cependant qu'il serait hâtif de conclure sur ces minces critères ; le fait de relever des traces de défenses à caractère psychotique ne permet pas d'en déduire une structure sous-jacente. Dans l'anorexie mentale, peut-être encore plus que dans d'autres pathologies, ce qui est donné à voir par la malade n'est que très rarement le reflet de ce qui est, psychiquement.

Pour exemple, nous considérerons ce que Cécile nous présente comme de la cleptomanie. Au premier abord, nous pourrions voir dans la répétition de l'acte, un caractère obsédant, voire délirant, mais pourquoi n'y verrions-nous pas une répétition de vols à caractère hystérique ? Actes répétitifs dont le seul but serait d'obtenir la jouissance de la peur d'être prise en défaut, de tromper les surveillants, de transgresser les lois dont ils sont les représentants.

Hilde Bruch va jusqu'à situer l'anorexie mentale *dans la lignée des schizophrénies dont elle* (l'anorexie) *constituerait une forme particulière*[59]. Selvini-Palazzoli en 1974, fait de l'anorexie mentale une forme de *psychose mono symptomatique* qu'elle qualifie de *paranoïa intra personnelle.*

La mélancolie est encore aujourd'hui largement prise comme référence, à l'instar de Freud qui, après avoir dégagé le trouble du tableau de l'hystérie, le rapprochera fréquemment de la mélancolie.

Les mécanismes de défense à l'œuvre dans la pathologie tels que le déni, le clivage, l'isolation, la projection semblent

---

[59] JEAMMET, P., CORCOZ, P., Psychopathologie des troubles des conduites alimentaires, Séminaire Paris VI, Broussais, Hotel Dieu, 2001-2002. p.19

venir étayer les constatations des partisans de l'étiquetage psychotique de la maladie.

Pourtant, il nous semblerait juste de relever que la décompensation psychotique dans l'anorexie mentale est rare pour ne pas dire inexistante ; et encore, que les mécanismes de défense de types psychotiques opèrent presque toujours de façon partielle et ne s'appliquent pas à tous les domaines de la vie du sujet.

Considérant la conceptualisation lacanienne, il nous semble que s'il y eut un défaut de la métaphore paternelle chez l'anorexique, ce n'est pas au sens d'une forclusion originaire, comme dans la psychose, qu'il faut la comprendre, mais plutôt comme une mise à distance de cette métaphore.

C'est peut-être contre cette forclusion que l'anorexique tente de lutter en employant des défenses trompeuses et génératrices de confusion pour ceux qui chercheraient à définir clairement la pathologie.

Du côté de la névrose, les rapprochements avec des pathologies identifiées sont également très riches. Si l'hystérie fut le premier modèle à être invoqué, il l'est encore très largement aujourd'hui, mais toutes les composantes de l'hystérie ne se vérifient pas toujours dans l'anorexie mentale. Ainsi, souvenons-nous, par exemple, que le refoulement ne semble pas être très opérant chez Cécile et que la vie fantasmatique de celle-ci apparaît comme très appauvrie. D'autre part, nous noterons que, même si nous avons rencontré un certain nombre d'anorexiques exerçant les métiers de comédienne ou de danseuse, le théâtralisme ne fait pas toujours partie du tableau symptomatique.

Difficile, nous semble-t-il, de passer outre l'analogie avec la névrose obsessionnelle ; Élise, Cécile et Solène nous apportent toutes les trois, à un gradient différent, leurs rituels, leurs idées obsédantes et la nécessité de contrôle permanent de leurs actes, de leurs pensées et plus encore, de leurs émotions. Dans les trois histoires, nous constatons une problématique dans le registre de l'échange, du *donner* et du *recevoir*. En 1903, Pierre Janet avait déjà élaboré une distinction entre les *anorexies hystériques* et les *anorexies obsessionnelles*[60].

J. P. Chartier suppose, relativement à ces conduites de type obsessionnel dans l'anorexie mentale qu'en certains cas, il ne s'agirait pas d'une fixation des attitudes affectives de l'enfant avec sa mère, au moment de la phase anale, mais plutôt d'une fixation secondaire qui réutiliserait le matériel anal en fonction des besoins de l'organisation libidinale face à la problématique œdipienne. Cette nuance nous semble devoir être relevée et considérée quant aux différents cas que nous avons étudiés et plus particulièrement concernant celui de Cécile, où, en apparence pourrait ressortir une véritable fixation au stade anal. Cette analité pourrait donc être l'expression d'un conflit en relation avec l'accès à l'Œdipe ; comme le dit Bouvet *: l'obsédé exprime un conflit œdipien en langage prégénital*[61].

André Green parle, lui d'un noyau hystérique sur lequel prendraient leur origine certaines névroses obsessionnelles de *type génital*. Il dit : *l'indice d'hystérisation étant d'autant plus important que cette névrose conserve plus d'attaches avec la génitalité*. Pour Green, les autres névroses obsessionnelles renverraient aux états-limites voire à la psychose. Nous pourrions encore illustrer cette idée de Green par nos trois cas ; en effet, chacun d'eux peut mettre en évidence cet indice d'hystérisation. Nous pourrions ainsi dire que dans le cas d'Élise, cet indice est élevé, il l'est un peu moins dans

---

[60] *In* Les indomptables, figures de l'anorexie, p. 53
[61] COLLECTIF, Dir. BERGERET, Jean, Psychologie pathologique, Théorie et clinique, Paris, Masson, 2000, p.184.

celui de Solène et pratiquement inexistant dans le cas de Cécile.

Ce que nous démontrent également les protagonistes de nos cas, c'est tout le versant pervers de la maladie. La perversion existe sous différents angles dans l'anorexie mentale : perversion quant à son propre corps, quant à la jouissance que représente le contrôle émotionnel, la maîtrise du poids et la sensation de faim, qui se manifeste au début de la maladie et perversion enfin des relations à l'autre où la manipulation, la soumission d'autrui génère parfois une énigmatique satisfaction. Élise nous le montre plus particulièrement, par la tyrannie qu'elle exerce sur sa mère ; de toute évidence, Élise met Anne au service de sa maladie, à son service, d'autant plus vigoureusement qu'Anne s'y prête sans hésitation. La manipulation, plus ou moins consciente, est généralement très opérante dans la pathologie.

Ce trait caractéristique de la perversion pourrait prendre son origine dans la complicité de la mère et de la fille tendant à disqualifier la parole et la fonction paternelle. La mère, jadis aurait bien signifié qu'il y a une loi, mais que celle-ci, avec son assentiment peut être contournée, voire ignorée. C'est ce qui nous semble avoir été le cas selon l'anamnèse d'Élise.

Bernard Brusset confirmera que *dans les toxicomanies comme dans les perversions, on peut invoquer une forclusion partielle du Nom du Père*[62].

Si nous avons choisi cette citation de Brusset, c'est aussi en raison de l'allusion faite à la toxicomanie ; en effet, dans l'anorexie mentale, le caractère addictif du trouble ne fait nul doute. À ce sujet, Jean Bergeret soulignera la problématique dépressive qui se trouve en arrière-plan de toute conduite addictive. C'est cette dimension dépressive qui conduirait le sujet à la répétition interminable de ces

---

[62] *In* Psychopathologie de l'anorexie mentale, p.88.

conduites. Il parle de l'ombre de la mort qui se dessinerait en chacune des addictions et les associe ainsi à des conduites suicidaires. Pour Bernard Brusset, *l'anorexique court le risque de mourir et le nie dans une illusion d'invulnérabilité[63]*. Tout comme dans la toxicomanie, la réalité du risque ajouterait au plaisir du contrôle de la nourriture. L'anorexique a parfois besoin de sentir la mort proche pour la défier encore. Certaines personnes nous expliqueront ainsi *que frôler la mort, c'est mieux se sentir vivre.*

S'il est vrai que nous n'avons pas noté de conduites de type psychopathique chez les jeunes filles anorexiques que nous avons rencontrées, nous pourrions nous interroger sur la fréquence de ces conduites chez les garçons, qui eux, ne développent que très peu de troubles des comportements alimentaires.

Nous résumerons, à ce stade de notre réflexion, ce qu'il nous semble en avoir été du développement libidinal de la petite fille devenue anorexique. Le sujet, faute de tiers suffisamment investi ou au contraire trop investi et donc perçu comme potentiellement dangereux, n'aurait pu conduire son développement au-delà d'une position pré œdipienne. Ainsi, la petite fille serait restée en deçà d'une position névrotique, mais tout de même au-delà d'une position psychotique. Le symptôme anorexique viendrait, ultérieurement, lutter contre une position psychotique appréhendée par le sujet, mais qui ne donnera pratiquement jamais de manifestations cliniques au sens où on l'entend habituellement (décompensation psychotique, éclatement du Moi, accès délirants). Le symptôme viendrait également défendre le sujet contre cette

---

[63] BONNOT, Marie-Pierre, Le choix des substances, les addictions multiples, Séminaire Paris VI, Broussais, Hôtel Dieu, 1996-1997, p.12

dépendance psychique qui perdure anormalement à l'égard de la mère.
Jean Bergeret décrira une position intermédiaire qu'il associe à une organisation plus fragile que les deux autres structures, psychotique et névrotique, et non pas comme une structure véritable. À ce sujet et pour étayer notre propos précédent, nous le citerons :

> *Il existe des états où le Moi ne s'est jamais trouvé morcelé (de façon ni évidente, ni latente), et qui correspondent à une intégration primitive non pas absente, mais seulement incomplète du Soi : le narcissisme primaire a pu jouer de façon suffisante pour éviter le morcellement, mais pas assez totale pour obtenir un Soi assez complet, assez intégré, assez entier. Il reste (...) une blessure, un manque narcissique initial qui fait flotter ces états en deçà du morcellement psychotique, mais sans pouvoir arriver toutefois à une structuration névrotique[64].*

Freud, lui-même, en 1931, ébauche un type libidinal *narcissique* dans lequel le Surmoi ne serait pas complètement formé, et dans lequel le noyau du conflit post œdipien ne se situerait pas entre le Moi et le Surmoi. Il aurait dépeint, antérieurement, en 1924, *une déformation du Moi intermédiaire* entre l'éclatement psychotique et le conflit névrotique. Les derniers travaux de Freud décrivant le clivage et le déni font encore référence à ce type narcissique de personnalité.
Dès 1894, Freud avait déjà mis en évidence un mécanisme de défense particulièrement employé dans l'anorexie mentale : l'isolation. Freud précise que la représentation peut rester dans le conscient du fait même qu'elle s'y trouve

---

[64] In Psychologie pathologique, p.219

coupée de ses connexions associatives. Ce mécanisme, employé lorsque le refoulement ne suffirait plus, empêcherait la relation angoissante entre l'objet et les pensées. Nous nous sommes parfois demandé, au fil de nos rencontres avec Cécile, si cette coupure opérante chez elle depuis de longues années, n'était bien que la conséquence de ce système défensif ou bien ne pouvait-elle se confondre aujourd'hui, à un véritable appauvrissement de la vie psychique ?

Cet état intermédiaire, l'organisation *état-limite*, Bergeret l'affinera à la suite du travail que Freud avait déjà commencé ; il y travaillera longuement.
Même si les manifestations de la pathologie anorexique et le schéma du développement libidinal tel que nous le décrivons dans ce travail semblent correspondre en de nombreux points, à cette situation intermédiaire, nous ne pouvons considérer cet état comme une structure psychique authentique ; cette organisation particulière tiendrait justement sa raison d'être du fait même qu'elle ne s'apparenterait totalement à aucune des deux structures connues, mais qu'elle constituerait tout de même, une étape à mi-chemin, entre ces deux entités structurelles.
Du point de vue génétique, les états initiaux du Moi de l'enfant, après sa distinction du non-Moi, demeureraient encore un temps dans une sorte d'indifférenciation donc sans structure définie. Dans un deuxième temps apparaîtrait un état où les lignes de force déterminées par les conflits, les frustrations, les effets des pulsions et de la réalité commenceraient à s'orienter vers une véritable structure. Enfin, dans un dernier temps, le sujet aboutirait à la formation de sa structure authentique. Les états-limites se situeraient entre la première et la deuxième étape de l'organisation du Moi, tel que nous venons de la supposer,

c'est-à-dire avant qu'il y ait constitution d'une structure au sens définitif et figé du terme.

Selon la logique de Bergeret, si la névrose classique, correspondant à la lignée génitale, fait appel à des notions telles que : Œdipe, pénis, Surmoi, conflits sexuels, culpabilité, symptômes. L'état-limite se situerait dans une lignée narcissique, non génitale telle que : narcissisme, phallus, Idéal du Moi, angoisse de perte d'objet, dépression. Ainsi, M. Roch nous dit :

> *Le Surmoi classique de la névrose, héritier et successeur du complexe d'Œdipe ne peut se former de façon complète chez l'état-limite puisque l'Œdipe, mal abordé, plus éludé qu'organisateur, ne peut apporter ses éléments maturatifs. Les régressions devant l'Œdipe entraînent les éléments précurseurs du Surmoi en formation vers les fixations antérieures à un Idéal du Moi puéril et gigantesque.*

Si le névrosé aime un être extérieur, objet œdipien déformé et si le psychotique tourne son amour sur lui-même, l'état-limite lui, aimerait, à l'exemple d'Élise et de Cécile, un être imaginaire, ressemblant à son Idéal du Moi mais également à un être réel choisi, parce que justement éloigné et inaccessible. Ce pourrait être là un retrait non autistique, mais constitué par des fantasmes intérieurs.

Au moment de l'Œdipe, les défenses du Moi face à la crainte de la castration se révéleront différentes en fonction de l'orientation structurelle du sujet : le refoulement sera prégnant dans les névroses, le déni de la réalité prédominera dans les psychoses, et il semblerait que la régression pulsionnelle soit à l'œuvre dans les états-limites. Cette régression pulsionnelle est d'ailleurs considérée comme *vertigineuse* par Kestemberg, car précise-t-elle, *elle ne rencontre aucun point de fixation au niveau des zones érogènes*[65] ; celles-ci sont rendues *inefficaces,* car elles se trouvent *balayées* par le mouvement régressif violent.

Par rapport à la forclusion lacanienne, Bergeret tentera d'apporter une nuance relative aux états-limites. Ainsi, il comparera le déni observé dans la psychose et, par ailleurs, la forclusion. Il déduira de ces observations que ces deux processus ne se situent pas au même niveau élaboratif ; selon lui, la forclusion s'avérerait plus génitale et fantasmatique que narcissique et perceptive. Le rejet de la représentation, par le sujet serait en fait lié à l'impossibilité de symboliser, ce qui ressemble beaucoup aux processus psychotiques puisqu'une partie de la réalité est désinvestie et donc rejetée vers l'extérieur. Mais, Bergeret avance que : *la forclusion ne peut faire le lit des processus délirants que si le Moi est poussé à une désorganisation encore plus régressive*[66].

Pour Bergeret, donc, la forclusion s'apparenterait plus au concept d'état-limite qu'à celui de psychose. Chartier s'exprimera ainsi, dans l'ouvrage collectif cité en note, rédigé en collaboration avec Bergeret :

> *On le voit également par cette description symbiotique de liens mère-enfant, nous sommes près du concept lacanien de forclusion portant sur le nom du père. Cette exclusivité maternelle comprend effectivement une exclusion – et pas seulement du nom – mais de l'image du père de l'enfant dans sa propre tête au profit de son père à elle, donc de son propre narcissisme. En ce sens, la valeur du père symbolique de l'enfant nous apparaît effectivement*

---

[65] *In* Psychopathologie des troubles des conduites alimentaires, p.20
[66] *In* psychologie pathologique, p. 122

primordiale, mais caractérise par son absence essentiellement les névroses les plus pathologiques et non les psychoses. Pendant des années, le mythe de la forclusion du nom du père comme étiologie essentielle des psychoses ne souffrait pas de contestation. Il apparaît aujourd'hui qu'il faut rendre à la névrose ce qui lui appartient.

L'état-limite se situerait avant tout comme une maladie du narcissisme. Le danger de morcellement s'y trouverait dépassé, mais le Moi n'aurait pu accéder à une relation d'objet génital ; ce Moi se tiendrait donc encore éloigné des conflits névrotiques engageant le Moi et le Surmoi. La relation d'objet y demeurerait plutôt centrée sur une dépendance anaclitique à l'autre, en l'occurrence à la mère, dans l'anorexie mentale. La lutte contre laquelle se défendrait l'état-limite serait à l'encontre de la dépression.

Au travers de ces observations ressort toute la difficulté d'attribuer à l'anorexie mentale une appartenance prépondérante à une structure particulière. Il nous semble évident que la pathologie peut s'observer sur toutes structures existantes. Seule la prédominance de certains symptômes tendrait à faire supposer une orientation structurelle probable, mais ne permet en aucun cas de figer définitivement la maladie dans un cadre clair et précis.

À la question de l'anorexie en tant que pathologie à part entière, il nous est apparu la probabilité d'une entité nosologique autonome. Notons à ce propos que, quelle que soit l'inclinaison structurelle du sujet, c'est, en effet, toujours par des symptômes relativement stéréotypés, que se manifestera la maladie.

La plus grande particularité du trouble réside dans le fait que, si entité nosologique il y a, d'une part, elle ne signe à elle seule, ni la psychose, ni la névrose, ni la perversion ; d'autre part, elle générerait des symptômes rappelant d'autres entités nosologiques reconnues et mêlerait même parfois un grand nombre de ces apports extérieurs.

La conceptualisation de l'état-limite semble toutefois mettre en évidence de nombreux points communs avec ce que nous avons pu observer de nos cas. Ainsi, à l'exemple des symptômes qui seraient empruntés à d'autres maladies, l'organisation structurelle de l'anorexique emprunterait aux autres structures psychiques connues restant par-là, dans une position intermédiaire et non clairement définie.

À l'image de la personne qu'elle touche, l'entité pathologique que nous avons finalement cru déceler tout au long de nos recherches et de nos observations, ne se définit pas en tant qu'élément solide et autonome, mais ne pourrait prendre sens et ne justifierait son existence, que par l'apport de l'autre.

CONCLUSION

À notre question de départ : *l'anorexique, aurait-elle manqué d'une représentation symbolique du père*, bien que ne pouvant énoncer ici de certitudes, nous sommes tentés de répondre qu'elle n'a certainement pu trouver dans son père réel le représentant de la fonction telle qu'elle se l'était imaginée.

Ainsi, se seraient succédé dans son évolution, le deuil d'une image paternelle idéalisée, une déception fondamentale, l'introjection de l'objet perdu, un repli narcissique d'un Moi encore empreint d'un fonctionnement primaire et la régression à une mère protégeant fantasmatiquement des assauts du réel, des premiers émois pulsionnels.
La petite fille, entrée trop brutalement en contact avec l'univers du sexuel, soit par un inceste réel, soit plus fréquemment par un climat incestuel où la figure masculine joue un rôle prépondérant, n'aura pu élaborer ces nouvelles données selon un mode génital. La perception par l'enfant de cette situation pourrait avoir été vécue comme menaçante pour son intégrité d'où la fragilité narcissique que nous observerons, à l'âge adulte. C'est dans ce contexte de repli que l'Œdipe sera abordé : avec peu de possibilités de triangulation et encore moins de recours possible au refoulement.
Le père, bien que désiré, est aussi redouté et donc évité, car potentiellement dangereux, la mère est à la fois rivale et repoussée par désir d'autonomie, mais également recherchée pour la protection qu'elle garantit à sa fille. De cette

situation ambiguë naîtrait l'ambivalence souvent constatée ultérieurement dans les moindres détails de la vie d'adulte ; ambivalence très souvent mal vécue par la malade.

Si nous faisions un parallèle entre l'histoire du primitif et celle de l'anorexique, nous pourrions peut-être dire que là où lui a réussi à mettre du père pour se libérer de la mère Nature toute-puissante, elle n'a pu mener à bien cette coupure et cela pour différentes raisons. Nous supposerons que la première ait été un surinvestissement de l'image paternelle et donc une idéalisation déçue, la deuxième une dangerosité suscitée par le père interdisant le processus œdipien, et enfin le peu de place fait au père réel et symbolique dans le fantasme de la mère et donc dans la parole qu'elle destinera à sa fille.
Pourquoi ne pas tenter une superposition de l'image de Dieu avec celle du père dont le déclin n'est plus à prouver, qu'il s'agisse de l'un ou de l'autre ? L'augmentation des nombres de cas d'anorexie mentale s'inscrirait alors peut-être dans la liste probable des conséquences de cette perte primordiale pour toute société.
Partant de cette hypothèse, nous pourrions alors poser l'inquiétante question de l'avenir du trouble dans ce désert de Loi qui s'accentue très nettement de nos jours.
Se pourrait-il aussi que la petite fille succombe à la confusion de l'Autre ou de l'autre, du Père ou de son père, le deuxième n'ayant jamais véritablement pris la succession du premier dans le fantasme de l'enfant ?

Il nous est apparu incontestable que ces jeunes femmes anorexiques cherchent un Autre pour se combler. Peut-être s'agit-il, pour elles de combler un vide, un espace laissé vacant dans leur construction psychique, peut-être s'agit-il aussi de combler un désir jamais assouvi, obtenir, de cet autre, une jouissance inconnue.

Il est très probable que la petite fille ainsi abandonnée dans son processus d'évolution ait beaucoup de difficultés à se passer de son univers aseptisé, et en apparence, protecteur. Certaines personnes, d'ailleurs, n'en sortiront pas, d'autres seulement, par la force des choses, lors de la mort réelle de leur mère ou de leur père.

Mais, la plupart du temps, la jeune fille ne tenterait-elle pas de reprendre, par ses appels désespérés, par les cris de son corps, le périple inabouti de son développement libidinal ?

N'oublions pas, comme nous le rappelle Dolto que *: si le dire de la prohibition de l'inceste*, en d'autres termes l'énoncé de la Loi, *fait sortir le garçon de l'Œdipe, il permet à la fille d'y entrer*[67].

C'est cette enfant que nous pensons avoir entendue à travers les propos d'Élise, de Cécile et de Solène et d'autres encore. Une enfant qui demande à sortir d'une situation sans issue, alors qu'elle n'a pas obtenu les outils indispensables pour accéder au stade suivant ; les protagonistes de son histoire ne pouvant imaginer avoir laissé derrière eux, celle qui malgré tout, a pris toutes les apparences d'une femme.

C'est peut-être pour cela que les thérapies bifocales, pratiquées dans certaines institutions obtiennent, dans de nombreux cas, des succès thérapeutiques qui ne sont pas toujours observés par ailleurs. La jeune femme aurait ainsi trouvé, dans le couple de thérapeutes chargés de sa prise en charge, les nouveaux acteurs de sa tragédie œdipienne.

Il pourrait s'agir alors, pour le thérapeute, de voir au-delà d'un corps meurtri par les restrictions, celui d'une petite fille qui n'a grandi que physiologiquement, mais qui psychiquement n'a pas la maturité de son âge.

Qui aurait pu, jadis, éviter à sa fille le piège de la mère si ce n'est celui qui était chargé de l'en séparer ? À travers quel regard, la petite fille aurait pu découvrir progressivement le

---

[67] In L'image inconsciente du corps, p.195.

plaisir de devenir femme en toute sécurité, si ce n'est par celui de son père ? Qui aurait dû répondre à l'invitation de la séduction sans précipiter la séductrice dans un danger de tout temps redouté, celui de l'inceste ?

En premier élément de réponse à ces diverses questions, nous supposerons que, même si la mère est effectivement celle par qui l'autonomie n'advient pas, le père ou plus exactement sa carence symbolique, est bien celui qui ne les séparera pas. Même si c'est la mère qui trouve en sa fille matière à combler son propre vide intérieur, c'est le père qui n'a pu pourvoir à la demande de sa compagne. Même si la mère ne peut inspirer sa fille quant à la féminité, l'enfant ne trouvera pas non plus, dans le regard de son père, un reflet d'elle-même susceptible de la mettre en confiance. Enfin, si c'est la mère qui souvent bafoue la Loi, le père s'est-il battu pour la sauvegarder ?

Nous conclurons en supposant donc qu'il faut être deux pour préparer le terrain de l'anorexie mentale. L'absence physique du père peut évidemment mener au trouble, mais plus encore, peut-être sa présence symboliquement transparente, telle une épreuve photographique en négatif, pourrait amplifier le risque. L'anorexie mentale serait, selon nous, la résultante d'une constellation familiale à la fois banale et très particulière. Peut-être est-ce pourquoi, les anamnèses donnent à découvrir des *familles normales, unies* dans lesquelles la petite fille avait pourtant, aux dires de ses parents et bien souvent d'elle-même, *tout pour être heureuse*.

BIBLIOGRAPHIE

Ouvrages :

- **BELL**, Rudolph, L'anorexie sainte, jeûne et mysticisme du Moyen-Âge à nos jours, Paris, PUF, Le fil rouge, 1994, 307 pages.
- **BRUSSET**, Bernard, Psychopathologie de l'anorexie mentale, Paris, Dunod, 1998, 229 pages.
- **COLLECTIF, BERGERET**, Jean (Dir.), Psychologie pathologique, Théorie et clinique, Paris, Masson, 2000, 360 pages.
- **COLLECTIF**, Dictionnaire illustré de la Bible, Paris, Bordas, 1990, 599 pages.
- **COLLECTIF**, Dir. **POUPARD, Paul**, Dictionnaire des religions, Paris, PUF, 1984, 1838 pages.
- **COLLECTIF**, L'univers de la Bible, Tome X, Paris, Lidis, 1985, 470 pages.
- **DARCOURT**, Guy, L'anorexie mentale aujourd'hui, Paris, La pensée sauvage, 1985.
- **DE SAINT-CHERON**, F., Sainte Thérèse d'Avila, Paris, Pygmalion, Chemins d'éternité, 1999.
- **DES CARS**, Jean, Sissi ou la fatalité, Paris, Librairie académique Perrin, 1993, 472 pages.
- **DOLTO**, Françoise, L'image inconsciente du corps, Paris, Les Éditions du Seuil, 1984.
- **FRAISE**, Nathalie, L'anorexie mentale et le jeûne mystique du Moyen-Âge à nos jours, Faim, foi et pouvoir, Paris, L'harmattan, 2000, 252 pages.
- **FREUD**, Sigmund, BREUER, Joseph, Études sur l'hystérie, Un cas de guérison par l'hypnose, Paris, PUF, 2000, 254 pages.
- **FREUD**, Sigmund, L'avenir d'une illusion, Œuvres complètes, Psychanalyse, Tome XVIII, Paris, PUF, 408 pages.

- **FREUD**, Sigmund, Métapsychologie, Deuil et mélancolie, Paris, Gallimard, Folio Essais, 1968.
- **FREUD**, Sigmund, Psychologie des foules et analyse du Moi, Essais de psychanalyse, Paris, Payot & Rivages, Petite bibliothèque, 2001.
- **FREUD**, Sigmund, Totem et tabou, Paris, Payot, Petite bibliothèque, 1965, 240 pages.
- **FREUD**, Sigmund, Un enfant est battu, Œuvres complètes, Psychanalyse, Tome XV, Paris, PUF, 388 pages.
- **FREUD**, Sigmund, Une expérience vécue religieuse, Œuvres complètes, Psychanalyse, Tome XVIII, Paris, PUF, 1994. 408 pages.
- **GREEN**, André, Le complexe de castration, Paris, PUF, Que-sais-je, 1990, 127 pages.
- **HIPPOCRATE**, Les œuvres complètes d'Hippocrate, Tome IV, Paris, J.B. Baillière, 1844.
- **JANET**, Pierre, Les médications psychologiques, Études historiques, psychologiques et cliniques sur les méthodes de thérapie, Paris, Félix Alcan, 1919.
- **KLEIN**, Mélanie, Essais de psychanalyse, Paris, Payot, Science de l'Homme, 1978, 452 pages.
- **LAPLANCHE, PONTALIS**, Vocabulaire de psychanalyse, Paris, PUF, Quadrige, 1998, 523 pages.
- **LASÈGUE**, Charles-Ernest, De l'anorexie hystérique, Les études médicales de Charles Lasègue, Tome II, Archives générales de la médecine, 1884.
- **MAILLET**, Jacques, Histoires dans faim, Paris, Desclée de Brouwer, 1995, 109 pages.
- **MAINE**, Margo, Anorexie, boulimie, pourquoi ? Barret-le-bas, Le souffle d'or, 1995, 305 pages.
- **MENDEL**, Gérard, La révolte contre le père, Paris, Payot, 1968, 409 pages.
- **PLÉ**, Albert, Freud et la religion, Paris, Les éditions du Cerf, 1968, 144 pages.
- **RAIMBAULT**, Ginette et **ELIACHEFF**, Caroline., Les indomptables, figures de l'anorexie, Paris, Odile Jacob, 1989, 282 pages.

- **SARANTOGLOU, VÉNISSE, BESANÇON**, L'anorexie mentale aujourd'hui, Thérapeutiques médicamenteuses et biologiques de l'anorexie mentale, Paris, La pensée sauvage, 1985.
- **VINCENT**, Thierry, L'anorexie, Paris, Odile Jacob, 2000, 254 pages.

Articles, revues :

- **BANGE**, F., Aux frontières des troubles du comportement, Du jeûne à l'anorexie mentale, Évolution psychiatrique, Vol.60, n° 4, 1995.
- **BARGUE, NEUVÉGLISE**, Un cas d'anorexie mentale, Évolution psychiatrique n° 2, 1950.
- **BELLIDO**, Fatima, Le scénario de l'anorexie, Perspectives psy, janvier-février 2002.
- **BIDAUD**, Éric, La tentation de l'anorexique, Évolution psychiatrique, Vol.61, n° 2, 1996.
- **BOURDELON**, Geneviève, L'anorexique : une petite fille livide, rouge et noire, cousue de fil blanc, Revue française de psychanalyse, n° 5, Vol.65, 2001.
- **DECOURT**, Jacques, L'anorexie mentale au temps de Lasègue et Gull, Presse médicale n° 62, 1954.
- **DEUTSCH**, Hélène, Entretiens sur l'anorexie mentale, Soirées scientifiques du Centre Étienne Marcel, Le Coq Héron n°91, 1984.
- **DIDIER-WEILL**, Alain, Le père, qui est-ce ? qui appelle le père ? qui est le père appelé ? Bloc-notes de la psychanalyse, n° 13, 1995.
- **DOLTO**, Françoise, Entretiens sur l'anorexie mentale. Soirées scientifiques du centre Étienne Marcel, Le Coq héron, n° 91, 1984.
- **DREYFUS**, Jean-Pierre, Un cas de mélancolie, Du père, Littoral, Vol.11-12, Paris, Erès, 1984.
- **FLAVIGNY**, Christian, Anorexie de l'adolescence, Présentation des travaux psychanalytiques, Psychanalyse à l'université, Vol.10, n° 39, 1985.
- **FLAVIGNY**, Christian, De la mort, Anorexie, jeûne et purification, Topique, n° 48, 1991.

- **FREYMANN**, Jean-Richard, L'a-structure anorexique, pour une clinique psychanalytique de l'anorexie mentale, Apertura, Vol.2, 1988.
- **JULIEN**, Philippe, L'amour du père chez Freud, Du père, Littoral n° 11-12, Paris, Erès, 1984.
- **LAUWERS**, M., Saintes et anorexiques : le mysticisme en question, *L'histoire* n° 164, mars 1993.
- **LE GAUFEY**, Guy, Père, ne vois-tu pas que tu brûles ? Du père, Littoral, Vol. n° 11-12, Paris, Ères, 1984.
- **MOINGT**, Joseph, Religion et paternité, Du père, Littoral n° 11-12, Paris, Erès, 1984.
- **PÉRICAUD**, François-Régis, L'anorexie, une dépendance paradoxale, Le journal de psychologues, n° 177, Mai 2000.
- **RESNIK**, Salomon, La fonction du père et de la mère archaïques : implications cliniques, Topique n° 72, 2000.
- **SAINT-AUGUSTIN**, Le Bien du mariage, Paris, Institut d'études Augustiniennes, 1992.
- **THIS**, Bernard, De Lasègue à Freud, Le Coq héron, n° 86, 1983.
- **TREMBLAIS-DUPRÉ**, Thérèse, L'inceste alimentaire, Le Coq héron n°86, 1983.
- **VALADIER**, Paul, Dieu est-il mort ? Le nouvel observateur, Nietzsche, hors-série, n° 48, septembre-octobre 2002.
- **VANDEREYCKEN**, W., **VAN DETH**, R., Qui a découvert l'anorexie mentale : Gull ou Lasègue ? Évolution psychiatrique, Vol.54, n° 3, 1989.
- **VERMOREL**, Henri et Madeleine, Abord métapsychologique de l'anorexie mentale, Revue française de psychanalyse, n° 5, Vol.65, 2001.

Séminaires, conférences :

- **BONNOT**, Marie-Pierre, Le choix des substances, les addictions multiples, Séminaire Paris VI, Broussais, Hôtel-Dieu, 1996-1997.
- **CORIAT**, A., L'anorexie, Séminaires psychanalytiques de Paris, 1989.

- **JEAMMET**, P., **CORCOZ**, P., Psychopathologie des troubles des conduites alimentaires, Séminaire Paris VI, Broussais, Hôtel-Dieu, 2001-2002.
- **MELMAN**, Charles, Structures lacaniennes des psychoses, L'alcoolisme, Pitié-Salpêtrière, mars 1984.
- **TAILLANDIER**, G., Le complexe d'Œdipe féminin, Séminaires psychanalytiques de Paris.
- **VIALET-BINE**, G., **CORIAT**, A., L'anorexie des adolescentes, Séminaires psychanalytiques de Paris, 2001.

REMERCIEMENTS

Le présent travail a été réalisé en 2002 suite à l'enseignement dispensé par l'I.C.H. Je remercie les différents enseignants et le personnel administratif qui m'ont soutenue tout au long de chemin.

Un remerciement tout particulier à :

M. BARON, pour l'énergie qu'il m'a communiquée et la rigueur avec laquelle nous avons pu travailler.

Dr RIGAUD et ***Hélène Pennacchio*** de l'Association AUTREMENT, pour la confiance qu'ils m'ont accordée.

Pr JEAMMET de l'Institut Mutualiste Montsouris et les différents intervenants du service de psychiatrie infanto-juvénile.
M. CONAN, de la Bibliothèque de l'École de Médecine, pour son accueil chaleureux et son aide aux recherches.
L'équipe de la Bibliothèque Sigmund Freud pour son assistance et sa disponibilité.

Mes proches pour leur patience et leurs encouragements.

Et,

Élise*, *Cécile*, *Solène et ***Olga*** qui ont contribué à donner à ce travail sa dimension humaine.

Ainsi qu'à tous ceux, qui de près ou de loin, m'ont assistée et que je n'aurais pas cités, ici.

Psychologie et psychanalyse

aux éditions L'Harmattan

Dernières parutions

POUR UNE PSYCHANALYSE DIALECTIQUE
Robion Jacques
La cure analytique a pour but de mettre à jour une contradiction, en relation avec un refoulement. Celui-ci doit être supprimé, afin que le sujet puisse retrouver sa capacité de synthèse. L'auteur s'appuie sur les concepts de l'identification, de la négation et de la synthèse pour montrer la nature dialectique de la psychanalyse.
(11.50 euros, 82 p.)
ISBN : 978-2-343-13639-4, ISBN EBOOK : 978-2-14-005326-9

PSYCHOPATHOLOGIES DE LA MATERNITÉ
Le cas des fausses couches répétées
Izquierdo Anne-Tina
Les psychopathologies de la maternité touchent environ 20 % des femmes. Cet ouvrage examine la problématique des fausses couches à répétition. L'auteur pose la question du rôle de l'inconscient dans l'arrêt d'une grossesse, ainsi que les raisons et les facteurs déclenchants. L'inconscient d'une femme a-t-il un rôle dans l'arrêt des grossesses ?
(17.00 euros, 156 p.)
ISBN : 978-2-343-13526-7, ISBN EBOOK : 978-2-14-005266-8

L'OBSERVATION D'UN BÉBÉ DE ZÉRO À DEUX ANS DANS SA FAMILLE
Commentaire psychanalytique
Athanassiou-Popesco Cléopâtre
Cet ouvrage livre le témoignage par l'auteur de l'expérience acquise durant des années dans l'observation du bébé dans sa famille. L'auteur donne les clés qui permettent d'analyser les premiers développements du bébé d'un point de vue psychique, notamment grâce à l'importance du lien avec la mère. Le lecteur pourra, grâce à l'ouvrage, se faire une idée de l'observation psychanalytique de l'enfant.
(Coll. Études Psychanalytiques, 30.00 euros, 288 p.)
ISBN : 978-2-343-13444-4, ISBN EBOOK : 978-2-14-005228-6

INFLUENCE SOCIOCULTURELLE SUR LA SOUFFRANCE PSYCHIQUE
Une question de place
Volta Agnès, Rollet Jean-Claude
État d'instabilité, manifestations d'anxiété, décohésions familiales, épuisement professionnel connaissent un fort accroissement aujourd'hui. Leur origine semble liée aux transformations profondes de notre société et la difficulté d'y

trouver sa place tant dans la vie personnelle que professionnelle et sociétale. À l'écoute des patients, le psychothérapeute est confronté à la manière dont la société génère ses propres symptômes capables d'influencer les symptômes individuels.
(Coll. Psycho-Logiques, 14.00 euros, 122 p.)
ISBN : 978-2-343-13525-0, ISBN EBOOK : 978-2-14-005251-4

LE TEMPS ET LE CERVEAU
Rêve, psychanalyse et neurosciences
Movallali Keramat
À partir de la découverte freudienne et de l'enseignement lacanien, l'auteur propose une appréhension de la pulsion en général et du rêve en particulier. Il interroge les neurosciences par leur développement, mais aussi leurs découvertes dans le domaine du rêve comme un état altéré de conscience. Le défi est alors de confronter la psychanalyse aux neurosciences modernes pour surmonter leur divergence.
(Coll. Psychanalyse et civilisations, 39.00 euros, 434 p.)
ISBN : 978-2-343-13524-3, ISBN EBOOK : 978-2-14-005289-7

LES RÉPARATIONS THÉRAPEUTIQUES
Robion Jacques
Il n'y a pas de psychothérapie qui ne soit une tentative de réparation. L'auteur présente dans cet ouvrage le rapport entre la perturbation psychique (fonction d'information) et synaptique (fonction neuronale). Il faut tout d'abord déterminer d'où vient la panne, pour pouvoir savoir où porter la réparation.
(10.50 euros, 70 p.)
ISBN : 978-2-343-13569-4, ISBN EBOOK : 978-2-14-005323-8

PRÉVENTION, VOUS AVEZ DIT PRÉVENTION ?
Association La Maison Verte
Admis et partagé par l'ensemble des intervenants dans les lieux d'accueil Enfants-Parents, le terme de «Prévention» reste trop générique pour préciser la pratique et l'encadrement des troubles et dysfonctionnements importants auxquels il s'applique. Cet ouvrage retranscrit le colloque de La Maison Verte, lieu d'accueil ouvert aux jeunes enfants et aux parents, qui s'est tenu en janvier 2017.
(Coll. Études Psychanalytiques, 17.00 euros, 164 p.)
ISBN : 978-2-343-13185-6, ISBN EBOOK : 978-2-14-005365-8

PSYCHOLOGIE DE L'ENFANT ET PÉDAGOGIE EXPÉRIMENTALE (1905)
Claparède Édouard - Présenté par Andreea Capitanescu Benetti et Olivier Maulini
Psychologie de l'enfant et pédagogie expérimentale, publié par Édouard Claparède en 1905, a jeté les bases d'une vision nouvelle de l'enseignement. Cet ouvrage reproduit l'édition originale du texte du psychologue, en y ajoutant des analyses signées par des chercheurs en éducation. Les concepts clés de la motivation et de l'apprentissage scolaire sont ici reposés.
(Coll. Encyclopédie psychologique, 20.00 euros, 190 p.)
ISBN : 978-2-343-13585-4, ISBN EBOOK : 978-2-14-005383-2

RENCONTRES AVEC LA CASTRATION MATERNELLE
Sous la direction de Dominique Wintrebert Georges Haberberg et Elisabeth Leclerc-Razavet – Préface d'Alexandre Stevens
La castration maternelle est un concept-clé de la psychanalyse que Freud nous a transmis. Il a fait frissonner son temps en mettant au centre de la doctrine psychanalytique l'enjeu structural, pour l'enfant, de la découverte de la position de la mère dans la sexuation, dans son rapport au père. Le petit d'homme commence par l'ignorer, mais fait après-coup cette découverte pénible qui le met en crise. Ce concept a été diversement exploité dans la psychanalyse jusqu'à ce que Lacan lui donne toute sa puissance symbolique. Qu'en est-il aujourd'hui ?
(Coll. Études Psychanalytiques, 20.00 euros, 182 p.)
ISBN : 978-2-343-13531-1, ISBN EBOOK : 978-2-14-005189-0

L'INTESTIN, L'AUTRE CERVEAU ?
Le point de vue d'un psychologue hospitalier
Viard Philippe
Les médias ont souvent l'habitude de mentionner l'intestin comme «second cerveau». L'opinion populaire a depuis longtemps présenté le ventre comme siège des émotions. Pour l'auteur, la vie nerveuse est un tout. Il s'agit ici d'améliorer les soins des personnes souffrantes, de les comprendre et non de disserter sur une nouvelle métaphysique neuropsychologique.
(Coll. Psyché de par le monde, 21.50 euros, 200 p.)
ISBN : 978-2-343-13197-9, ISBN EBOOK : 978-2-14-004972-9

LE MODÈLE DE L'INTERPRÉTATION PERCEPTIVE D'HERMANN RORSCHACH
Silberstein Fernando
En 1921, Hermann Rorschach publia son test de tâches d'encre sous le nom de *Psychodiagnostic*. Ce livre présente une analyse des conceptions théoriques de Rorschach, de ses sources intellectuelles et des influences culturelles directes et indirectes subies pour arriver à une compréhension approfondie des idées innovatrices de son auteur.
(Coll. Psycho-Logiques, 15.50 euros, 146 p.)
ISBN : 978-2-343-00962-9, ISBN EBOOK : 978-2-14-005055-8

LA PSYCHOTHÉRAPIE NON VERBALE DES TRAUMAS
Un autre chemin pour guérir du psychotraumatisme
Mayer Bernard
Bernard Mayer développe depuis les années 1980 la Thérapie intégrative Corps-Esprit. Longtemps la psychothérapie a négligé le corps et sa physiologie. Le corps est le centre et point de départ d'une expérience complète qui relie toutes les parties de notre être. Ainsi, la réunification de la personnalité dissociée est rapidement montrée. Cette façon de procéder appréhende le patient dans sa globalité, la place du corps étant au centre de la dynamique de changement.
(Coll. Épistémologie et philosophie des sciences, 17.50 euros, 160 p.)
ISBN : 978-2-343-13260-0, ISBN EBOOK : 978-2-14-005176-0

URGENCE ET RELAXATION
Comment la relaxation thérapeutique peut-elle répondre à la pression d'une demande urgente ?
13e Colloque de la SFRP
Sous la direction de Christophe Peugnet, Philippe Nubukpo, Frank Suzzoni et Aurore Juillard
Comme de nombreuses psychothérapies, la cure de relaxation s'inscrit dans une durée imprévisible et non quantifiable. Cet ouvrage repose sur le 13e Colloque de la Société française de relaxation psychothérapeutique et fait état des rapports entre relaxation et durée induits par les transformations de la société.
(Éditions PENTA, 24.50 euros, 242 p.)
ISBN : 978-2-917714-20-1, ISBN EBOOK : 978-2-14-004934-7

LA VOIX ENTRE MÈRE ET BÉBÉ
La structure de soi dans l'échange vocal
Perrouault Dominique
Quelle est la place de la voix dans le développement psychologique d'un jeune enfant ? Le rapport qui lie la voix au soi émerge suite aux nombreux échanges entre le nourrisson et la mère, personnage central de son entourage. Ces interactions permettent de faire émerger « le soi vocal virtuel », fondé sur ce rapport vocal mère-nourrisson. Avant que l'image prenne l'avantage pour que le moi se dessine, comment le soi s'actualise-t-il donc dans l'échange vocal ? C'est dans le silence de la séparation des voix que pourra éclore celle de l'enfant.
(Coll. Psychanalyse et civilisations, 18.50 euros, 176 p.)
ISBN : 978-2-343-13255-6, ISBN EBOOK : 978-2-14-005172-2

AGIR POUR, SUR ET AVEC AUTRUI
Les couplages d'activités
Sous la direction de Jean-Marie Barbier et Joris Thievenaz
La notion de couplage d'activités entre sujets semble pertinente pour rendre compte de la polyfonctionnalité des interactions humaines au-delà de leurs intentions. Telle est l'hypothèse de cet ouvrage dont les auteurs s'emparent de façon personnelle au regard de leurs terrains.
(Coll. Action et savoir, 29.00 euros, 294 p.)
ISBN : 978-2-343-13418-5, ISBN EBOOK : 978-2-14-005173-9

HISTOIRE SENSIBLE DU TOUCHER
Vincent-Buffault Anne
L'histoire sensible du toucher se compose de caresse, vulnérabilité, chaleur, gestes du travail, transformation de la matière... La douceur côtoie la volonté de maîtrise. Le contact est à l'articulation de l'affect et de la pensée. Il peut ainsi causer une déflagration, ou par son absence marquer les hiérarchies ou engendrer des régimes d'indifférence. L'histoire du toucher est celle de notre ouverture sensible au-dehors.
(Coll. Clinique et changement social, 19.00 euros, 164 p.)
ISBN : 978-2-343-13431-4, ISBN EBOOK : 978-2-14-005153-1

L'Harmattan Italia
Via Degli Artisti 15; 10124 Torino
harmattan.italia@gmail.com

L'Harmattan Hongrie
Könyvesbolt ; Kossuth L. u. 14-16
1053 Budapest

L'Harmattan Kinshasa
185, avenue Nyangwe
Commune de Lingwala
Kinshasa, R.D. Congo
(00243) 998697603 ou (00243) 999229662

L'Harmattan Congo
67, av. E. P. Lumumba
Bât. – Congo Pharmacie (Bib. Nat.)
BP2874 Brazzaville
harmattan.congo@yahoo.fr

L'Harmattan Guinée
Almamya Rue KA 028, en face
du restaurant Le Cèdre
OKB agency BP 3470 Conakry
(00224) 657 20 85 08 / 664 28 91 96
harmattanguinee@yahoo.fr

L'Harmattan Mali
Rue 73, Porte 536, Niamakoro,
Cité Unicef, Bamako
Tél. 00 (223) 20205724 / +(223) 76378082
poudiougopaul@yahoo.fr
pp.harmattan@gmail.com

L'Harmattan Cameroun
TSINGA/FECAFOOT
BP 11486 Yaoundé
699198028/675441949
harmattancam@yahoo.com

L'Harmattan Côte d'Ivoire
Résidence Karl / cité des arts
Abidjan-Cocody 03 BP 1588 Abidjan 03
(00225) 05 77 87 31
etien_nda@yahoo.fr

L'Harmattan Burkina
Penou Achille Some
Ouagadougou
(+226) 70 26 88 27

L'Harmattan Sénégal
10 VDN en face Mermoz, après le pont de Fann
BP 45034 Dakar Fann
33 825 98 58 / 33 860 9858
senharmattan@gmail.com / senlibraire@gmail.com
www.harmattansenegal.com